C·H·Beck
PAPERBACK

Wer war schuld am Ausbruch des Krieges? Stimmt es, dass die Menschen vom Krieg begeistert waren? Was heißt eigentlich «Weltkrieg»? Was sind die «14 Punkte»? Wer waren die Dicke Bertha und der Lange Max? Was ist die «Dolchstoßlegende»? Gerd Krumeich, auch international ein hochangesehener Experte für den Ersten Weltkrieg, bietet mit diesem Band der Reihe «101 Fragen» eine ebenso kompetente wie handliche Einführung in das Wissen über den bis dahin größten Krieg der Menschheitsgeschichte.

Gerd Krumeich ist Professor (em.) für Neuere Geschichte an der Heinrich Heine Universität Düsseldorf. Er hat zahlreiche Veröffentlichungen zum Ersten Weltkrieg vorgelegt, darunter (gemeinsam mit Gerhard Hirschfeld und Irina Renz) das Standardwerk «Enzyklopädie Erster Weltkrieg». Bei C.H.Beck sind von ihm der Band «Jeanne d'Arc» ([2]2012) in der Reihe «Wissen» sowie die Biographie «Jeanne d'Arc. Seherin. Kriegerin, Heilige» (2021) erschienen.

Gerd Krumeich

Die 101 wichtigsten Fragen

Der Erste Weltkrieg

C.H.Beck

Mit 7 Abbildungen und 3 Karten (© Peter Palm, Berlin)

1. Auflage. 2014
2. Auflage. 2014
3. Auflage. 2015

Originalausgabe

4., durchgesehene Auflage. 2023

Umschlaggestaltung: malsyteufel, willich
Umschlagabbildung: Deutsche Soldaten in Stellung, August/
September 1914 © ullsteinbild, Berlin
Satz: Fotosatz Amann, Memmingen
Druck und Bindung: Druckerei C.H.Beck, Nördlingen
Printed in Germany
ISBN 978 3 406 81002 2

www.chbeck.de

Inhalt

PARIS

Front und Heimat

Kultur

Technik und Wirtschaft

Kriegsende und Kriegsfolgen

Vorbemerkung

Den Ersten Weltkrieg als «Urkatastrophe» zu bezeichnen, ist ebenso geläufig wie belanglos.

Das Wort klingt fast wie «Naturkatastrophe», und so etwas bricht über die Menschen herein. Die 101 Fragen, die ich hier gestellt habe und zu beantworten versuche, gehen von einer ganz anderen Grundannahme aus. Der Erste Weltkrieg, in den die Nationen tatsächlich irgendwie hineingeschlittert sind, hat sich im Laufe von 4 ½ Jahren immer wieder neu entwickelt. Er begann als ganz traditioneller Krieg und wurde wegen der ständig weiter mobilisierten technischen und emotionalen Ressourcen in kurzer Zeit zu einem industrialisierten Massenkrieg mit zuvor unbekannten Dimensionen. Ich bin sicher, dass die entscheidenden Politiker und Militärs im Juli 1914 anders gehandelt hätten, wenn sie die Leichenfelder von Verdun und der Somme auch nur geahnt hätten. Um die 70 Millionen Männer sind weltweit in diesen Krieg geschickt und mehr als 13 Millionen deutsche Soldaten zwischen 1914 und 1918 mobilisiert worden – Schlieffen hatte 1911 noch von maximal 2 Millionen gesprochen. 1914 zog man mit Pickelhaube und Bajonett und fliegenden Fahnen in den Krieg, 1918 hatten es die in die Erde eingewühlten Soldaten mit Panzern, Gas und Flugzeugen zu tun. Das waren verschiedene Welten, und diese Entwicklung möchte ich in meinen Fragen und Antworten erkennen lassen.

Die Forschung zum Ersten Weltkrieg ist inzwischen auch für den Spezialisten unüberschaubar geworden, und gerade deshalb ist es wichtig, die entscheidenden Fragestellungen so zu bündeln, dass sie für jeden Interessierten nachvollziehbar werden. Der Schwerpunkt liegt dabei auf der Erlebnis- und Kulturgeschichte des Weltkriegs. Wichtig war mir aber auch, ein sich abzeichnendes Defizit an ökonomischen und kriegstechnischen Fragen zumindest teilweise abzudecken. Hinzu kommt, dass heute kaum noch jemand das Militär «von innen» kennt. Die Wehrpflicht ist abgeschafft, und immer weniger Menschen wissen, was eine Division und eine Haubitze ist. Wie weit konnten Kanonen denn damals schießen? Wie groß war ein Regiment, und wie viele «Korps» bildeten eine «Armee»? Was früheren, vom Militär geprägten Generationen selbstverständlich war, muss heute neu erarbeitet werden. Meine Fragen und Antworten zielen ganz besonders auf den Leser und die

Leserin, die so etwas weder in der Schule noch beim Kommiss gelernt haben.

Viele der hier gestellten Fragen sind mir im Laufe der Jahre von meinen Studierenden und von Bekannten und Freunden gestellt worden. Auf Quellenverweise habe ich verzichtet. Gelegentlich wird ein Name in Klammern angegeben. Dann handelt es sich um Zitate oder Übernahmen aus der für jeden Lernwilligen unerlässlichen, von Gerhard Hirschfeld u. a. hg. «Enzyklopädie Erster Weltkrieg» (4. Auflage 2013).

Ich danke Detlef Felken vom Verlag C.H.Beck für seine freundliche Beharrlichkeit bei der Einforderung des Manuskripts und für das effiziente Lektorat. Mein größter Dank gilt Renate Rappenecker für die ebenso liebevolle wie energische Hilfe beim Ausdenken und Formulieren all dieser Fragen und Antworten.

Vorkriegszeit und Julikrise

1. Warum versuchten die Europäer, überall auf der Welt Fuß zu fassen? In der historischen Forschung wurde früher der Imperialismus der europäischen Nationen als Hauptverursacher des Ersten Weltkriegs angesehen. Tatsächlich war der Imperialismus der Zeit um 1900 (im Unterschied zum Kolonialismus seit dem 16. Jahrhundert) für die europäischen Nationen eine Art Entwicklungs- und Überlebensstrategie. Die «Landnahme» in Afrika und Asien war zutiefst geprägt von der Überzeugung, dass das «Alte Europa» nicht genug Platz habe, um die sich ständig und massiv vermehrenden Bevölkerungen angemessen zu ernähren und am Wohlstand teilhaben zu lassen. Der Arbeiter als vielleicht wichtigster Konsument war noch nicht entdeckt (das gelang erst mit der vollautomatisierten Billig-Produktion während und in Folge des Weltkriegs).

Um 1900 jedenfalls galt die systematische Expansion in ferne Länder, also die Errichtung und stetige Vergrößerung regelrechter «Imperien», als zwingend notwendig für die europäischen Nationen. England und Frankreich hatten bereits im Laufe der Jahrhunderte solche Imperien aufbauen können, waren also um 1900 weitgehend «saturiert», wohingegen das Deutsche Reich, erst 1871 gegründet, in dieser Beziehung ein echter «Newcomer» war. Umso aggressiver und unbedingter wurden deshalb die deutschen Forderungen auf einen «Platz an der Sonne» (so Reichskanzler Bernhard von Bülow 1906) formuliert. Kaiser Wilhelm II. unterließ es in kaum einer Rede, auf den Anspruch Deutschlands hinzuweisen, auch eine »Weltmacht» zu werden, ein Reich zu besitzen, «in dem die Sonne nicht untergeht». «Weltmacht oder Niedergang», das war die tiefe Überzeugung der Imperialisten, die vor allem in den Kreisen der bürgerlichen Geschäftswelt und der Intellektuellen (weniger bei den Konservativen) ansässig waren. Seit Mitte der 1890er Jahre wurde daher sowohl die deutsche Handels- als auch die Kriegsflotte zielstrebig ausgebaut, was auf Dauer einen Konflikt mit Großbritannien provozieren musste, bestand England doch auf seiner Vorherrschaft auf den Weltmeeren («Britannia rules the waves»).

In Afrika erschien den Deutschen die Möglichkeit zu gezielter Ausdehnung und Arrondierung eines «Imperiums» am einfachsten, hatte das Deutsche Reich doch schon seit den 1880er Jahren Gebiete an der Ost- und Westküste besetzen können (Deutsch-Ostafrika, Togo, Kamerun, Deutsch-Südwestafrika). Man warf den Blick vor allem auf den belgischen und den französischen Kongo. Als «Hebel» der deutschen Afrika-Expansion wurde die Marokko-Frage benutzt, da das Scherifenreich zwar formal selbständig, in Wirklichkeit aber ein Tummelplatz des französischen Imperialismus war. Kaiser Wilhelms II. Reise nach Tanger 1905 und seine Betonung der Bereitschaft Deutschlands, die Freiheit Marokkos zu schützen, waren Auslöser der ersten Marokko-Krise.

2. Wie entwickelte sich das Nationalgefühl bis 1914? Nationalgefühl, Patriotismus und Nationalismus hatten sich seit dem 16. Jahrhundert langsam herausgebildet und immer stärker mit dem Staat verbunden, der im Laufe der Zeit vom Fürsten-Staat zum Nationalstaat geworden war. Ein wichtiger Einschnitt war die Französische Revolution, die den auf seine Nation besonders stolzen freien und gleichberechtigten Staatsbürger schuf bzw. schaffen wollte. Die französische Republik beanspruchte aber auch eine Vorbildrolle für Europa, was damit endete, dass Napoleon Europa beherrschte, wogegen sich wiederum deutscher Nationalstolz mobilisierte. Im Kampf gegen Napoleon brach sich ein kämpferischer Patriotismus Bahn, der bereits stark von Hass geprägt war. In der Forschung ist strittig, ob Feindschaft und Hass immer zum Nationalismus gehört haben und ob man sinnvoll zwischen Patriotismus und Nationalismus unterscheiden kann. Zweifellos hat es aber im 19. Jahrhundert immer weitere Steigerungen des Nationalismus gegeben, doch zwischen dem Nationalismus der 1848er Revolutionäre und dem extremen Nationalismus der Vorkriegszeit des Ersten Weltkriegs liegen Welten!

Dies gilt besonders, weil in den Jahren der imperialistischen Ausdehnung der europäischen Staaten, also um 1900, die Unterschiede und Grenzen zwischen aggressivem und defensivem Nationalismus verschwammen. Der Anspruch der Nation, dass sie als Lebens- und Zukunftsraum aller Bürger unter Einsatz aller Kräfte gegen Angriffe von außen zu verteidigen sei, wurde immer exorbitanter. Für alle Länder lässt sich um 1900 eine Art religiöse Überhöhung der Nation feststellen («God's own country», «Dieu avec nous», «Gott mit uns»). In Deutschland, dem erst 1871 konstituierten Nationalstaat, zeigte sich diese Befindlichkeit am ausgeprägtesten, der Nationalismus wurde eine Art kollektive Hysterie. Die Mittellage Deutschlands in

Europa führte zu immer neuen Bedrohungsvorstellungen («Einkreisung»). Dafür war nicht zuletzt der neue Imperialismus verantwortlich. Denn dieser verstand sich – anders als der herkömmliche Kolonialismus – als «lebensnotwendige» Zukunftssicherung der Imperien und Nationen. In Deutschland wurde 1890 der *Alldeutsche Verband* gegründet. Der 1898 gebildete *Flottenverein* wurde zur ersten Massenorganisation dieses expansiven Nationalismus. Das Motto des 1911 gegründeten «Wehrvereins» lautete charakteristischerweise: «Ein vorwärtsstrebendes Volk wie wir, das sich so entwickelt, braucht Neuland für seine Kräfte, und wenn der Friede das nicht bringt, so bleibt schließlich nur der Krieg.»

Man kann feststellen, dass die Idee der Expansion als notwendige und deshalb defensive Zukunftssicherung selbst auf Seiten der Sozialisten viele Anhänger fand, auch wenn diese weiterhin den «imperialistischen Krieg» mit allen Mitteln bekämpften.

3. Was bedeutete Darwins Lehre vom Lebenskampf für die europäischen Nationen vor 1914? Im Jahre 1859 publizierte der Naturforscher Charles Darwin sein Buch «On the Origin of Species», mit dem er die moderne Evolutionstheorie begründete. Eine der Hauptthesen des Werkes war, dass es in der Geschichte der Natur immer neue Adaptierungsprozesse gegeben habe. Die Entwicklung habe sich aus dem Prinzip des «struggle for life» und des «survival of the fittest» abgeleitet, dem alle Natur unterworfen sei.

Darwins Buch hatte einen sensationellen Erfolg. Seine streng naturwissenschaftlichen Beobachtungen und Thesen wurden bald popularisiert und schon in den 1870er Jahren fand eine Übertragung dieser «Naturgesetzlichkeiten» auf Gesellschaften und soziale Klassen statt. Das «survival of the fittest» wurde zu einem Hauptschlagwort derjenigen, die auf imperiale Ausdehnung setzten, also die Überlegenheit des «weißen Mannes» gegenüber anderen «Rassen» behaupteten. Auch wurde behauptet, dass die Arbeiterklasse quasi naturgesetzlich dazu berufen sei, die Bourgeoisie von der Macht zu verdrängen. Des Weiteren wurden «Volkskraft» und militärische Stärke unter diesen Voraussetzungen diskutiert. Deutschland als ein (um 1900) mehr als 60 Millionen «starkes» Volk mit ungeheurer industrieller und wirtschaftlicher Dynamik musste doch ein größeres «Lebensrecht» haben als das dekadente Frankreich, dessen Bevölkerung zu dieser Zeit nur noch knapp 40 Millionen zählte und immer weiter zu schmelzen schien. Hatte man da nicht das Recht und die Pflicht zur Ausdehnung auf Kosten des Nachbarn? Diese Auffassung war auch unter deutschen Militärtheoretikern sehr verbreitet, beispielhaft in dem 1912 publizierten Buch von Friedrich von Bernhardi, «Deutschland und der nächste Krieg».

4. Warum meinten die Deutschen, von böswilligen Nachbarn umzingelt zu sein? Die deutsche «Weltmacht-Politik» und der Kampf um einen «Platz an der Sonne» führten bald zu Spannungen mit England, weil dieses deutsche Ausdehnungsprojekt mit einer seit 1898 beginnenden massiven Flottenrüstung verbunden war, dem sog. «Tirpitz-Plan». Dieser sah vor, die deutsche Kriegsmarine so stark zu machen, dass England zwar nicht übertroffen, aber konzessionsbereit gemacht werden sollte – beinhaltete also eine regelrechte Erpressungspolitik. Doch England zog nicht nur im Flottenbau nach, sondern bemühte sich auch um neue Verbündete, vor allem um Frankreich, mit dem es 1904 eine «Entente cordiale» (Herzliches Einvernehmen) abschloss. Frankreich hatte sich seinerseits ebenfalls um eine Annäherung bemüht. In Deutschland war die Verblüffung und Verbitterung über diese Verständigung der anderen Großmächte groß. Reichskanzler Bernhard von Bülow lancierte daher 1905 eine Intervention Kaiser Wilhelms II. in Marokko. Dieser hielt im März 1905 in Tanger eine Rede, in der er die Unabhängigkeit des Scherifenreichs betonte und hierfür den Schutz Deutschlands anbot. Das war eine scharfe Provokation Frankreichs, welches sich seit ca. 1900 in Marokko festgesetzt hatte und Militär, Banken und Handel kontrollierte (wogegen Deutschland niemals Einwände erhoben hatte). Doch nun bestand Deutschland auf einer vertraglichen Neuregelung, und es kam 1906 zur Konferenz der Großmächte im spanischen Algeciras. Hier aber zeigte sich die «Isolierung» der deutschen Politik. Die dort versammelten Vertreter der wichtigsten europäischen Staaten gestanden Frankreich und Spanien eine Kontrolle des nach wie vor formal unabhängigen Scherifenreichs zu, Deutschland war durch diesen Beschluss regelrecht blamiert. In seiner Reichstagsrede vom 14.11.1906 reagierte Reichskanzler Bülow mit einer den internationalen Gepflogenheiten widersprechenden ganz unverhohlenen Drohung: «Eine Politik, die darauf ausginge, Deutschland einzukreisen, einen Kreis von Mächten um Deutschland zu bilden, um es zu isolieren und lahmzulegen, wäre eine für den europäischen Frieden bedenkliche Politik».

Damit war der Begriff «Einkreisung» geprägt worden, und nichts hat stärker als die Überzeugung, von böswilligen Nachbarn eingekreist worden zu sein, das Bewusstsein der Deutschen in der Vorkriegszeit, während des Weltkrieges und besonders nach dem «Schandfrieden» von Versailles 1919 geprägt.

Spätere Geschichtsschreibung hat argumentiert, dass Deutschland keineswegs «eingekreist» worden sei, sondern sich mit seiner rücksichtlosen Weltmacht-Politik selber «ausgekreist» habe. Das dürfte größtenteils stimmen, auch wenn die Politik der Engländer und Franzosen (später auch der Russen) daran keineswegs ganz unschuldig war. Entscheidend aber war, dass die deutsche Politik in der Julikrise von 1914 zutiefst von dieser Einkreisungsphobie geprägt war.

5. Wollten die Franzosen eine Revanche für die Niederlage von 1871? Im Krieg von 1870–1871 hatte Deutschland Frankreich besiegt und Elsass-Lothringen mit Straßburg und Metz annektiert, was von den Franzosen als regelrechter Raub und ungeheure Demütigung empfunden wurde. Fortan lag die Elsass-Lothringen-Frage wie ein tiefer Graben zwischen den beiden Nationen. Bis in die Jahre um 1900 blieb die sog. «Revanche» in Frankreich lebendig, die «blaue Linie der Vogesen» wurde immer wieder beschworen. Wiederholt kam es zu (Grenz-)Zwischenfällen, und Otto von Bismarck und seine Nachfolger begründeten deutsche Rüstungen als Vorsorge gegen den französischen «Revanchismus». Auch nach dem Ersten Weltkrieg blieb in Deutschland die Auffassung verbreitet, dass Frankreich zum Kriege gedrängt habe, um endlich die «verlorenen Provinzen» heimzuholen. Demgegenüber hat die neuere Forschung klar gezeigt, dass seit der Jahrhundertwende die Revanche-Idee in Frankreich stark an Bedeutung verloren hatte und um 1914 fast ganz aus dem öffentlichen Diskurs verschwunden war. Auch die Elsässer selber waren vor allem auf eine Gleichberechtigung bzw. Autonomie im Rahmen des Deutschen Kaiserreiches aus. Skandale wie die Zabern-Affäre von 1913, wo preußische Militärs im Grenzort Zabern (Saverne) Zivilisten malträtierten, sorgten zwar für große Aufregung, doch eine Revanchepolitik der französischen Regierung ist nicht feststellbar. Man kann somit auf keinen Fall heute noch behaupten, dass Frankreich daran interessiert gewesen sei, den Weltkrieg auszulösen, um sich für die Niederlage von 1871 zu rächen und seine verlorenen Provinzen zurückzuerhalten. Insgesamt war Frankreichs Vorkriegspolitik darauf ausgerichtet, ein nochmaliges Übergreifen Deutschlands auf französischen Boden zu verhindern.

Es kann deshalb auch nicht verwundern, dass die Rückgabe Elsass-Lothringens zu den unverbrüchlichen Kriegszielen Frankreichs seit Ausbruch des Krieges (aber nicht vorher!) gehört hat.

6. Wieso verbündeten sich Staaten miteinander und warum kam es zu Feindschaften? Seit 1904/07 waren die europäischen Großmächte in zwei mehr oder weniger feindliche Lager gespalten: Auf der einen Seite gab es den Dreibund zwischen Deutschland, Österreich-Ungarn und Italien; auf der anderen Seite standen Russland, England und Frankreich. Russland und Frankreich waren seit 1894 durch einen Allianzvertrag mit einer Militärkonvention eng verbunden, England und Frankreich hatten sich 1904 in einer «Entente cordiale» zusammengefunden. Russland und England schließlich schlossen 1907 einen Vertrag über die Abgrenzung der gegenseitigen Interessensphären im Nahen Osten. Deshalb sahen sich die Deutschen einer «Einkreisung» ausgesetzt und dies umso mehr, als der deutsche Bündnispartner Italien sich ab ca. 1905 ziemlich zurückzog (und sich ja auch 1914 neutral verhielt). Das Vielvölkerreich Österreich-Ungarn hingegen wurde überall als eine «sterbende» Großmacht angesehen, die sich nur mit deutscher Hilfe den Ansprüchen der erwachenden Nationen auf dem Balkan erwehren konnte. Deutschland sah sich auf die Allianz mit Österreich-Ungarn zurückgeworfen und verpflichtet, diesen letzten Bundesgenossen für alle Fälle stark zu halten.

Internationale Politik vor dem Ersten Weltkrieg war aber nicht allein «Lager-Politik». Trotz aller Verfeindlichung gab es bis 1914 immer wieder Elemente des «Konzerts» der großen Mächte und Bemühungen einzelner Allianzpartner, den jeweiligen Bundesgenossen von übereilten Schritten zurückzuhalten. Das galt für Frankreich, das Russland in der sog. Annexionskrise von 1907/08 nicht unterstützte, das galt für Russland, welches sich 1911 weigerte, Frankreich in der Agadir-Krise gegen Deutschland beizustehen. Nicht zuletzt galt dies auch für Deutschland, das in den Balkankriegen von 1912/13 immer wieder Österreich-Ungarn von militärischen Schritten gegen die Balkanstaaten abhielt. Die Errichtung des Staates Albanien 1913 war sogar ein regelrechtes Diktat der Gesamtheit der europäischen

Großmächte, um Serbien den Zugang zur Adria zu verweigern. Deshalb glaubten auch viele, dass die Tradition des «Konzerts» der Großmächte die bestehenden Rivalitäten weiterhin austarieren und trotz aller Alarmsignale den Frieden stabilisieren könne. Im Juli 1914 gelang dies aber nicht mehr. Nach dem Attentat von Sarajewo unterstützte Deutschland Österreich-Ungarn bedingungslos in seiner Abrechnung mit Serbien, mit den bekannten Konsequenzen, weil man der Überzeugung war, dass nur jetzt noch eine militärische Überlegenheit gegenüber Russland, Frankreich und England gegeben sei.

7. Warum machten die Deutschen 1911 eine Flottendemonstration gegen Frankreich? Mit dem Abkommen von Algeciras 1906 hatten Frankreich und Spanien von den anderen Großmächten das Recht erhalten, mittels Bankenkontrolle, Militärberater usw. Marokko faktisch zu beherrschen, wenngleich das Scherifenreich völkerrechtlich selbständig blieb. Deutschland fand sich mit diesem Zustand einstweilen ab, zumal es recht wenige deutsche Interessen in Marokko gab. Die deutsche Regierung ließ sich sogar 1909 auf ein Abkommen mit Frankreich ein, in welchem dieses Desinteresse noch einmal dokumentiert wurde.

Als allerdings im Frühjahr 1911 Frankreich anfing, militärisch gegen sog. «Berberaufstände» vorzugehen, also gegen Gruppen, die gegen die Kooperation der Regierung des Scherifenreichs mit den europäischen Mächten kämpften, sah die deutsche Regierung darin eine günstige Gelegenheit, ihre Interessen in Afrika entscheidend weiterzubringen. Der für die Außenpolitik des Reiches verantwortliche Staatssekretär Alfred von Kiderlen-Wächter hatte wohl im Sinn, Teile des französischen Kongo im «Tausch» gegen einen deutschen Rückzug aus Marokko einzuhandeln. Dies wurde allerdings nicht klar bekundet, man zog es vor, so Kiderlen wörtlich, «die Sphinx zu markieren». Tatsächlich traf es Frankreich und die anderen Mächte vollständig unvorbereitet, als am 1. Juli 1911 das (kleine) deutsche Kanonenboot «Panther» in den Gewässern vor der marokkanischen Hafenstadt Agadir aufkreuzte. Deutschland begründete diese militärische Intervention mit der Notwendigkeit, ähnlich wie die Franzosen deutsche Kolonialisten vor den «Berbern» schützen zu wollen. In Wirklichkeit aber hatte das Auswärtige Amt selber deutsche Firmen in Marokko aufgefordert, ein Hilfeersuchen zu stellen, damit man eingreifen könne.

Das Vorgehen der Deutschen wurde von den Franzosen als ein übler Akt der Erpressung gewertet, und die sich bald anschließenden Verhandlungen verliefen unfreundlich und zäh. Die Deutschen wollten «Kompensationen», wussten aber nach wie vor nicht so recht, welche das sein könnten. Zur internationalen Spannung und Kriegsgefahr trug auch bei, dass die englische Regierung in einer viel beachteten Erklärung ihres Kanzlers David Lloyd George («Mansion House Speech», 21.7.1911) zu wissen gab, dass sie es nicht zulasse, bei Fragen dieser Tragweite nicht konsultiert zu werden und dass eine Schwächung Frankreichs zugunsten Deutschlands für England nicht in Frage käme. Damit war natürlich der Manövrierfreiheit der deutschen «Sphinx» ein Ende gesetzt. Die deutsch-französischen Verhandlungen führten schließlich im November 1911 zu einem Vertrag, durch welchen das deutsche Kamerun um ca. 275 000 qkm vergrößert wurde. Beide Nationen waren aber nicht zufrieden, denn Deutschland hatte sich ursprünglich die Abtretung des gesamten Kongo erhofft. Und Frankreich fühlte sich durch diesen Vertrag erpresst und über Gebühr beeinträchtigt.

Von diesem Intermezzo blieb eine nachhaltige Verstimmung zwischen den beiden Ländern zurück. Bei der Ratifizierung des Vertrags rief der französische Politiker Clemenceau aus, dass Frankreich friedfertig sei, aber Beleidigungen und Erpressungen nicht mehr tolerieren wolle. Die im Januar 1912 gebildete «nationale» Regierung Poincaré setzte alle Kraft in die Verbesserung der militärischen Absprachen mit Russland und England. Auch in Deutschland schwoll der Nationalismus heftig an, vor allem getragen von dem neu gegründeten «Wehrverein», einer nationalistischen Massenorganisation zur Förderung der Stellung Deutschlands in der Welt. Rufe nach Aufrüstung wurden immer lauter, das Wettrüsten begann.

Allen war bewusst, dass man mit der Agadir-Krise wirklich an der Schwelle zum «großen Krieg» gestanden hatte.

8. Warum wurde aus den Kriegen zwischen den Balkanstaaten von 1912/13 das Pulverfass Europas? Während der deutsch-französischen Konfrontation über Marokko hatte sich Italien im Handstreich Libyen angeeignet, welches Teil des Osmanischen Reiches war, aber schon lange von Italien beansprucht wurde. Da die Türkei zu schwach war, Widerstand zu leisten, und auch von den Großmächten keine Hilfe erhielt, verstärkten sich die zentrifugalen Tendenzen des Osmanischen Reiches, das man schon lange «den kranken Mann am Bosporus» nannte, dramatisch. Die Balkanvölker, schon seit den 1870er Jahren auf dem Weg zur staatlichen Unabhängigkeit vom Osmanischen Reich, wollten diese nunmehr endgültig durchsetzen. Dabei gab es aber auf dem Balkan viele zwischen diesen Nationen umstrittene Gebiete, ein Streit, in den unausweichlich auch die Großmächte hineingezogen wurden, da sie alle massive ökonomische und politische Interessen auf dem Balkan hatten.

Im März 1912 kam es zur Gründung der sog. «Balkanliga», einem Bündnis zwischen Bulgarien, Serbien, Griechenland und Montenegro. Federführend hierbei war Russland, welches sich als «Patron» der Balkanvölker beweisen und gleichzeitig durch die Zerschlagung der Türkei die schon seit vielen Jahrzehnten beanspruchte Kontrolle über die Meerengen des Schwarzen Meeres erhalten wollte. Selbstverständlich waren alle Großmächte über diese Entwicklung besorgt. Frankreich erhielt im September 1912 Kenntnis vom Inhalt dieses Bündnisses, das Ministerpräsident Raymond Poincaré zutreffend als eine «Kriegskonvention» bezeichnete. Er ließ sich aber von der russischen Regierung beschwichtigen, die behauptete, die kleinen Balkannationen kontrollieren zu können. Dies aber war keineswegs der Fall. Am 18. Oktober 1912 eröffneten die verbündeten Balkanstaaten den Krieg gegen die Türkei, welche nach einigen verheerenden Niederlagen im Mai 1913 einem Vertrag zustimmen musste, der mit Hilfe der Großmächte in London geschlossen wurde. Russland allerdings wurde hier enttäuscht, da Großbritannien und die anderen Großmächte im Londoner Vertrag durchsetzten, dass die (mit Deutschland eng verbündete) Türkei die Kontrolle über die Meerengen behielt. Trotz aller Krisen schien sich in diesen Verhandlungen noch einmal die Handlungsfähigkeit des «Konzerts» der europäischen Großmächte zu erweisen, insbesondere da es gelang, Serbien den ersehnten Zugang zur Adria durch die Schaffung des Staates Albanien zu verwehren. Man folgte hierbei einer Forderung Österreich-Ungarns, welches in größter Sorge wegen der massiven Vergrößerung Serbiens und dessen Ansprüchen auf Teile des Habsburgerreiches war.

Wenig später, im Juni 1913, kam es aber zum 2. Balkankrieg, in welchem sich die zuvor Verbündeten wegen nicht erfüllter oder konkurrierender Gebietsansprüche nunmehr als Feinde begegneten. Serbien und Montenegro wollten auf jeden Fall das neue Albanien wieder beseitigt sehen; Bulgarien befürchtete, dass Serbien und Griechenland Mazedonien untereinander aufteilten und man selber mit leeren Händen dastünde. So kam es ab dem 29.6.1913 zum Krieg zwischen den Bulgaren einerseits und Serbien und Griechenland andererseits. In diesen Krieg mischten sich bald Rumänien und die Türkei ein, da alle auf Gebietszuwachs hofften. Wiederum mussten die Großmächte vermitteln, und im Bukarester Frieden vom 10.8.1913 verloren die Bulgaren erneut einen Großteil ihrer Eroberungen aus dem ersten Balkankrieg. Serbien und Griechenland konnten sich nunmehr Mazedonien teilen, Rumänien sich weiter zum Schwarzen Meer hin ausdehnen, und die Türkei erhielt einen Teil ihres europäischen Besitzes mit Adrianopel (heute: Edirne) zurück.

In den Balkankriegen waren die jeweiligen Verbündeten mit Kriegsmaterial aus den Waffenschmieden der Großmächte ausgerüstet, und die Ereignisse wurden oft wie ein Wettbewerb etwa zwischen Krupp und der französischen Firma Schneider-Creusot betrachtet. Die Siege der Balkanstaaten führten somit dazu, dass Frankreichs Generalstab glaubte, waffentechnisch auf dem Höchststand zu sein, dasselbe galt aber auch für Deutschland. Die europäische Öffentlichkeit beobachtete die Balkankriege mit Spannung, die Zeitungen brachten Fotos von Schützengräben und Leichenhaufen, Folge der vergeblichen Angriffe auf Maschinengewehrstellungen. Doch hieraus wurden keinerlei Lehren für den drohenden europäischen Krieg gezogen.

Diplomatisch und politisch führten die Balkankriege trotz der Wachsamkeit des «Konzerts» der Großmächte dazu, dass Deutschland, Frankreich und Russland mit massiven Landrüstungen begannen, hatte sich doch gezeigt, dass das «Pulverfass» auf dem Balkan jederzeit wieder explodieren und man zum Eingreifen gezwungen sein konnte. Das galt vor allem für Österreich-Ungarn, welches nunmehr fest entschlossen war, ein weiteres Vordringen Serbiens, das inzwischen von einer kleinen zu einer Mittelmacht aufgestiegen war, auch um den Preis eines Krieges mit Russland zu verhindern.

9. Was versteht man unter «Schlieffenplan»? Der Aufmarschplan für die deutschen Armeen von 1914 wird nach dem Namen seines

Erfinders als «Schlieffenplan» bezeichnet. General Alfred von Schlieffen, von 1891 bis 1905 Generalstabschef des deutschen Heeres, stand vor der Situation, dass 1892 ein Militärbündnis zwischen Russland und Frankreich zustande gekommen war (1894 dann Allianz). Das Deutsche Reich befand sich also militärisch in der ungemütlichen Situation eines möglichen Zweifrontenkrieges nach Ost und West. Die deutschen Militärs diskutierten lange, ob es günstiger sei, die Hauptmacht des Heeres zunächst im Osten oder im Westen zu konzentrieren.

Nach 1900 wurde wegen der vermeintlichen Schwächung der französischen Armee durch innenpolitische Wirrnisse (Dreyfus-Affäre) Frankreich als erstes Ziel eines deutschen Angriffs bestimmt. Der 1905 fertig gestellte «Schlieffenplan» verzichtete auf Operationen im stark befestigten französisch-deutschen Grenzland und sah eine Flankenbewegung des Gros des deutschen Feldheeres durch Belgien und Nordfrankreich mit einer westlichen Umgehung von Paris vor. An der deutsch-französischen Grenze im Elsass und in Lothringen sollten dagegen nur schwache Verbände stehen. Schlieffen fürchtete nicht den eventuellen Einmarsch französischer Truppen. «Sie [die Franzosen] werden schon rasch zurückkehren», war seine Auffassung, wenn sich die deutschen Truppen vom Westen her Paris näherten.

Der Schlieffenplan sah für den Westfeldzug eine Offensive mit mehr als 1 Million Soldaten in fünf Armeen vor. Diese sollten ausgehend von einer Linie Wesel-Köln-Aachen-Metz via Luxemburg und Belgien durch Nordfrankreich vorgehend Paris umzingeln, während die vier übrigen Armeen in eher defensiver Haltung verharren und nur die erwarteten französischen Angriffe zwischen Ardennen und Vogesen aufhalten sollten. «Macht mir den rechten Flügel stark», sollen Schlieffens letzte Worte gewesen sein.

Sein Nachfolger Helmuth von Moltke d. Jüngere (1906–1914) tat genau dies aber nicht, sondern versuchte ab 1911 und mit Blick auf einen tatsächlich drohenden Krieg mit Frankreich, die Grenzbefestigungen im Süden der Frontlinie zu stärken, was nur auf Kosten des «Schwenkungsflügels» gehen konnte. Das ist von den Schlieffen-Bewunderern später als Verrat an den Prinzipien des Meisters beklagt worden. Das mag sein, aber Schlieffens Plan enthielt selber grobe Fehler und unwägbare Risiken. Er setzte nämlich ein exaktes «Funktionieren» der Truppenbewegungen von 1 Million Mann voraus. Innerhalb von maximal 4 Wochen sollten die Truppen Paris eingeschlossen haben, was aber bei mehr als 30 km vorgesehenem Marschweg pro Tag (!) nur möglich war, wenn Belgier und Franzosen wie die Hasen wegrannten, was die deutsche Generalität auch erwartete. So heißt es im Schlieffen-Plan wörtlich: «Es ist anzunehmen, daß der deutsche Aufmarsch sich ungestört vollzieht» (sic!). Das sollte sich als Irrtum erweisen: Die Belgier setzten dem deutschen Durchmarsch unerwarteten Widerstand entgegen, und die französischen Truppen wurden auch durch die eklatanten Niederlagen in den «Grenzschlachten» des August 1914 nicht desorganisiert, sondern bildeten an der Marne eine Barriere, die den Schlieffenplan vollends scheitern ließ und die deutschen Truppen zum Rückzug an die Aisne und zum Stellungskrieg zwang (ab November 1914).

Der Schlieffen-Plan hatte den militärischen Fehler, dass er die von Carl von Clausewitz zu Recht betonten «Friktionen» des Krieges ausblendete und dem technizistischen Glauben huldigte, dass meisterhafte Organisation alles sei. Schlieffen hatte tatsächlich geglaubt, so exakt planen zu können, dass die deutschen Truppen die Umzingelung von Paris am 31. Tag des Aufmarsches vollendet haben würden! Schwerwiegender war aber noch der politische Kardinalfehler dieser Planung: Schlieffen sah – ohne irgendeinen Widerstand bei der politischen Führung zu finden – eine Verletzung der Neutralität Belgiens vor. Das war Militarismus in reinster Form, weil «militärische Notwendigkeiten» schlicht über politische Erwägungen und internationales Recht gestellt wurden (Preußen hatte 1839 Belgiens Neutralität garantiert!). Die lakonische Äußerung des deutschen Reichskanzlers, dieser Vertrag sei ja eigentlich nur ein «Fetzen Papier» gewesen, stempelte Deutschland in den Augen der Welt zum Aggressor und provozierte erst den Entschluss Englands, in den Krieg einzutreten.

10. Warum wurde ab 1912 immer stärker aufgerüstet? Seit dem Beinahe-Zusammenstoß zwischen Deutschland und Frankreich in der Agadir-Krise von 1911 begannen beide Nationen verstärkt, sich auf einen bald möglichen Krieg vorzubereiten. Nach damaliger Auffassung gehörte hierzu vor allem eine massive Erhöhung der Zahl der für den Kriegsfall zur Verfügung stehenden aktiven Soldaten. So wurde in Frankreich 1912 ein Gesetz zur Verstärkung der Armeekader erlassen. In Deutschland wurde man sich der Tatsache bewusst, dass der forcierte Schlachtflottenbau zu einer personellen und strukturellen Vernachlässigung des Landheeres geführt hatte, so dass es im Herbst 1912 zu einer ersten größeren Verstärkung des Heeres um ca. 30 000 Mann kam.

Der im Oktober 1912 ausbrechende Krieg zwischen den Balkanstaaten ließ die Situation als noch bedrohlicher erscheinen, wusste man doch, dass die europäischen Großmächte wegen ihrer Allianzverpflichtungen in diesen Krieg hineingezogen werden konnten. Auch Russland trieb 1912 die Rüstungen voran, vor allem im Bereich der strategischen Eisenbahnen und der Verstärkung der Wehrpflichtigen-Armee um jährlich 20 000 Mann. Auf dem Höhepunkt des Balkankrieges im November 1912 behielt Russland einen ganzen Jahrgang von Soldaten ein, was einer Aufstockung des aktiven Heeres um 400 000 Mann entsprach.

Im Dezember 1912 legte der deutsche Generalstabschef Helmuth von Moltke der Regierung Bethmann Hollweg ein Memorandum vor, das von seinem Adjutanten Erich Ludendorff ausgearbeitet worden war und in dem eine gewaltige Heeresvermehrung gefordert wurde, nämlich die Neuaufstellung von drei Armeekorps (= ca. 150 000 Mann). Zudem sollten nicht mehr wie bislang nur ca. 50 % der Wehrpflichtigen zum Militärdienst eingezogen werden, sondern wie in Frankreich 80 %, was eine Verstärkung des Heeres um 300 000 Mann (!) bedeutete, mit der Begründung, Deutschland müsse endlich «das Volk in Waffen werden», wolle es der Bedrohung durch die hochrüstenden Nachbarn widerstehen können. Das Kriegsministerium lehnte so weitreichende Forderungen ab, brachte aber am 8. April 1913 eine «abgespeckte» Vorlage in den Reichstag. Gefordert wurden nun 117 000 Mann Heeresvergrößerung, dazu eine Verstärkung der Kader durch Neueinstellung von 15 000 Unteroffizieren und 5000 Offizieren. Die Kosten hierfür beliefen sich auf einmalig 884 Millionen Mark und 183 Millionen laufende Kosten. Das war bei einem Gesamtetat des Reiches von ca. 8 Milliarden Mark eine einschneidende Maßnahme, wofür eine von der Linken geforderte «Reichen-Steuer» eingeführt wurde.

Die Diskussion über die Heeresrüstung wurde umso erregter, als Frankreich seinerseits bereits Anfang März 1913 ein umfangreiches Projekt zur Aufrüstung des Landheeres vorgelegt hatte. Hier ging es um die Verstärkung der aktiven Armee um einen ganzen Jahrgang (ca. 200 000 Mann). Der Grund für dieses enorme Rüstungsprojekt lag in den Gegebenheiten der radikalen Offensivstrategie. Nach Auffassung des französischen Generalstabs wurden hierfür extrem gut gedrillte aktive Regimenter gebraucht, weshalb man eine dreijährige aktive Dienstzeit vorsah. Gegenüber Parlament und Öffentlichkeit wurde die notwendige Aufstockung der Armee aber nicht mit den technischen Erfordernissen der Offensivstrategie begründet, sondern mit der «deutschen Gefahr»: Die bald ca. 850 000 Mann des deutschen aktiven Feldheeres könnten sich in kürzester Frist über Frankreich ergießen, wenn man nicht alle Wehrpflichtigen gleichsam als «soliden Deich» an der Grenze formiere. Diese Beschwörung der deutschen Aggressivität führte im Jahre 1913 zu einer regelrechten Rüstungspsychose. Das Gesetz über die dreijährige Dienstpflicht in der aktiven Armee wurde schließlich im Juli 1913 verabschiedet.

Die Friedenspräsenzstärke der deutschen Armee lag im Juli 1914 genauso wie in Frankreich bei ca. 750 000 Mann. Nach der offiziellen deutschen Statistik hatten die «Mittelmächte» Deutschland und Österreich-Ungarn 1,2 Millionen Mann unter den Waffen, wohingegen Russland und Frankreich über zusammen 2,1 Millionen aktive Truppen verfügten. Allerdings glaubten die Deutschen und befürchteten die Franzosen, dass ein Krieg schon längst an der deutsch-französischen Front entschieden sein würde, bevor noch das russische Heer wegen der schlechten Verkehrsverbindungen zu einem Eingreifen fähig wäre.

Wenn also die Deutschen behaupteten, sie müssten wegen der Rüstungen Frankreichs und Russlands selber massiv aufrüsten, so waren die Franzosen überzeugt, dass die Rüstungsspirale mit ihren enormen Kosten und Verpflichtungen für alle jungen Männer von den Deutschen in Bewegung gesetzt worden sei. Auf jeden Fall führten die Rüstungspsychose von 1913 und die konkreten Maßnahmen auf beiden Seiten dazu, dass sich 1914 alle Nationen im «Verteidigungszustand» zu befinden glaubten.

11. Wer war schuld am Ausbruch des Krieges? Über kein Ereignis der Weltgeschichte ist wohl ausführlicher und erbitterter diskutiert worden als über die Verantwortung für den Ausbruch des Ersten Weltkrieges. Diese Diskussion lässt sich knapp so resümieren, dass es nach einer Phase der gegenseitigen Schuldzuweisungen (1920er Jahre) bis in die 1960er Jahre hinein überwiegend Konsens war, dass alle Staaten irgendwie in diese Katastrophe «hineingeschlittert» seien, so die berühmte Formulierung des britischen Politikers David Lloyd George. Zu Beginn der 1960er Jahre änderte sich das mit dem Buch «Griff nach der Weltmacht» des Hamburger Historikers Fritz Fischer. Fischers These war, dass Deutschland diesen Krieg langfristig geplant und zielstrebig durchgesetzt habe. Der daraus resultierende Historikerstreit hat ca. 30 Jahre angehalten, wobei sich schließlich die Auffassung durchgesetzt hat, dass eine längerfristige Planung des Krieges durch Deutschland nicht nachweisbar ist, aber zweifellos die unverantwortliche Politik der deutschen Regierung ausschlaggebend dafür war, dass der Weltkrieg ausgelöst wurde. In letzter Zeit ist allerdings wieder ein neuer Trend der «Umverteilung» der Kriegsschuld festzustellen: Russland und auch Frankreich geraten stärker als mitverantwortlich in den Blick. Wer und Was war also ausschlaggebend?

Zunächst sei festgehalten, dass die Entscheidungen in der Julikrise nicht unter dem Gesichtspunkt gesehen werden sollten, dass sie einen Krieg auslösten, der das Gesicht der Welt verändern und mindestens 11 Millionen Tote kosten sollte. Es erscheint als sicher, dass keiner der verantwortlichen Politiker und Militärs von einem so gigantischen Welt-Krieg ausging, sonst hätte man sich in der Julikrise von 1914 anders verhalten. Die überwiegende Meinung war, dass es gerade angesichts der Tötungs- und Zerstörungskapazitäten des modernen Maschinenkrieges (auch wenn man Gas, Flugzeuge und Panzer noch gar nicht kannte) darum gehen werde, den Krieg mit ein paar großen Schlachten so zu führen, dass er als «reinigendes Gewitter» wirke, nach dessen Ende über Imperien und Zukunftschancen neu zu entscheiden sei.

Zum Ablauf der Julikrise 1914:

Am 28. Juni 1914 wurden der österreichisch-ungarische Thronfolger Franz Ferdinand und seine Gattin in Sarajevo ermordet. Österreich-Ungarn beschloss daraufhin, das Attentat für die seit langem angestrebte Bändigung des expansiven serbischen Staates zu nutzen. Es fand sofort die Unterstützung Deutschlands. «Mit den Serben muss aufgeräumt werden...», notierte Kaiser Wilhelm II. am Rande eines Botschafterberichts aus Wien. Man hoffte, die internationale Empörung über den «Königsmord» nutzen zu können, um Serbien als Gefahrenherd für Österreich-Ungarn ausschalten zu können. Aber Serbien stand, wie die anderen Balkanvölker, unter der Protektion Russlands. Würde Russland einer solchen Demütigung tatenlos zusehen? Die deutsche Regierung hoffte zwar anfänglich, dass dies der Fall sein werde, war aber auch bereit, es zum «Großen Krieg» kommen zu lassen, sollte Russland Serbien gegen Österreich-Ungarn militärisch unterstützen. Die deutschen Militärs und Politiker waren der Überzeugung, dass spätestens 1916 die «russische Dampfwalze» rüstungsmäßig so stark an Fahrt zugenommen haben würde, dass dann ein Zweifronten-Krieg gegen Frankreich und Russland nicht mehr gewonnen werden könne. Deshalb waren sie bereit, Russlands Kriegswillen in der Julikrise von 1914 zu testen: Sollte Russland Serbien nicht preisgeben, wollte man tatsächlich den Großen Krieg «lieber jetzt als später» (Moltke) durchführen. Das war ein «hypermachiavellistisches Kalkül» (W. J. Mommsen). Brachte man nicht selber mit der Forderung, den Krieg zwischen Österreich-Ungarn und Serbien zu «lokalisieren», Russland in die Situation, «zum Schwert greifen» zu müssen, um das kleine Serbien vor der Großmacht Österreich-Ungarn zu schützen? Über Wochen hinweg versuchte die deutsche Diplomatie, diese «Lokalisierungspolitik» durchzusetzen. Alle Bemühungen Englands und Frankreichs um eine Verhandlungslösung wurden mit der Begründung abgelehnt, dass eine Internationalisierung des Konfliktes unabwägbare Konsequenzen haben könne. Die deutsche Auffassung, dass der Konflikt Österreich-Ungarns mit Serbien niemanden sonst etwas angehe, wurde immer unverständlicher, je mehr Verhandlungsinitiativen (vor allem von englischer Seite) offeriert wurden. Die deutsche Bluffpolitik wurde vollends unglaubwürdig, als Österreich-Ungarn mit dem Krieg gegen Serbien zögerte und erst nahezu einen Monat nach dem Attentat Serbien ein Ultimatum stellte (23.7.). Dieses war absichtlich so gehalten, dass Serbien als souveräner Staat es schlicht nicht annehmen konnte. Die Empörung der russischen Regierung über diesen Gewaltakt war riesig, und die russischen Militärs drängten nunmehr immer stärker auf eine Mobilmachung gegen Österreich-Ungarn. Ab dem 28. Juli standen deshalb die Zeichen auf Krieg, und die deutsche Reichsleitung war nunmehr vor allem bemüht, die Öffentlichkeit auf einen «Verteidigungskrieg» einzustimmen, weshalb unbedingt Russland als der Schuldige erscheinen musste. Dies wurde dadurch erleichtert, dass die russische Generalmobilmachung vom 30. Juli der deutschen zuvorkam. Russland erschien also in

Deutschland als «Angreifer», weshalb die Deutschen auch lange (bis in die 1960er Jahre) überzeugt blieben, dass dieser Krieg ein Verteidigungskrieg gewesen sei.

Die Krise hätte sicherlich trotz der unverantwortlichen deutschen Risikopolitik noch beigelegt werden können, hätte England ähnlich wie in der Agadir-Krise von 1911 ein «Machtwort» gesprochen. Aber die englische Führung unterschätzte die deutsche Risikobereitschaft zu lange. Erst als Deutschland die belgische Neutralität verletzte (4.8.), entschloss man sich zum Krieg auf Seiten Russlands und Frankreichs. Frankreich war seinerseits wegen der seit Jahren schwelenden Furcht vor einem deutschen «Überfall» so eng an seinen Alliierten Russland gebunden, dass es in der Julikrise den Frieden hinter die Solidität des Bündnisses mit Russland stellte – sich also der russischen Generalmobilmachung in keiner Weise widersetzte. Keine der Großmächte wollte also 1914 um jeden Preis den Frieden bewahren, der Krieg galt noch als «Fortsetzung der Politik mit anderen Mitteln». Aber die Hauptverantwortung für die Eskalation des Konflikts mit ihrer ambitiösen Droh-, Bluff- und Erpressungspolitik trugen Kaiser Wilhelm II., sein Reichskanzler Theobald von Bethmann Hollweg und die auf den Krieg drängenden Militärs um General Helmuth von Moltke.

12. Was war die Hoyos-Mission? Wenige Tage nach dem Attentat von Sarajewo entsandte Österreich-Ungarn den Grafen Istvan Hoyos in diplomatischer Sondermission nach Berlin. Er überbrachte am 5. Juli 1914 ein Handschreiben des Kaisers Franz Joseph zusammen mit einem umfänglichen Memorandum der Regierung. Im kaiserlichen Brief wurde Deutschland gebeten, die Habsburgermonarchie bei der Abrechnung mit Serbien zu unterstützen, denn Österreich-Ungarn wolle dafür sorgen, dass »Serbien, welches gegenwärtig den Angelpunkt der panslawistischen Politik bildet, als politischer Machtfaktor am Balkan ausgeschaltet wird».

Kaiser Wilhelm II. rief die wichtigsten Politiker und Militärs, soweit sie gerade in Berlin waren, nach Potsdam. Anwesend waren am Nachmittag des 5. Juli Reichskanzler Theobald von Bethmann Hollweg und Unterstaatssekretär Arthur Zimmermann für die zivile Reichsleitung und Kriegsminister Erich Falkenhayn sowie Moritz Lyncker und Hans von Plessen (zwei Adlaten des Kaisers) für das Militär. Ein Protokoll der beiden getrennten Besprechungen existiert nicht, lediglich spätere Berichte der Beteiligten. Das ist umso bedauerlicher, als diese Gespräche eine große Rolle bei der Diskussion um die Kriegsschuld gespielt haben. Oft war von einem vorgeblichen «Kronrat» von Potsdam die Rede.

Sicher überliefert ist, dass der Kaiser nach Lektüre des Memorandums den Politikern und Militärs mitteilte, er sei der Auffassung, Deutschland habe Österreich-Ungarn in keiner Weise zu belehren, sondern solle es nur ermutigen, schnell mit den Serben abzurechnen, wobei dem Verbündeten nahezulegen sei, dies wirklich schnell zu tun. Deutschland werde alle Aktionen unbedingt unterstützen, gleichgültig, welche Konsequenzen diese hätten. Das hieß, dass man Österreich-Ungarn auch für den Fall Bündnishilfe zusagte, dass Russland militärisch eingriff, um Serbien zu schützen! Deutschland stellte also dem Verbündeten eine Art «Blankoscheck» aus, wie später oft kritisiert worden ist. Allerdings waren offensichtlich weder der Kaiser noch die verantwortlichen Politiker und Militärs zu diesem Zeitpunkt besorgt, dass Russland wirklich eingreifen werde. Unmittelbar nach dem Treffen begab sich der Kaiser auf die lange geplante Nordlandreise, und Kriegsminister Falkenhayn versicherte Generalstabschef Moltke brieflich, er könne ruhig weiter seiner Kur in Karlsbad nachgehen...

Es herrschte also eine relative Sorglosigkeit, die aber weniger bedeutsam ist als die bekundete Bereitschaft, Österreich-Ungarn bedingungslos gegen Serbien zu unterstützen. Denn in einer Einschätzung waren sich die deutschen Politiker und Militärs einig: Sollte es zum Krieg mit Russland kommen, dann «lieber jetzt als später».

Tatsächlich war dieser «Blankoscheck» ausschlaggebend dafür, dass die Regierung des Habsburgerreiches wenige Tage darauf beschloss, Serbien ein unannehmbares Ultimatum zu stellen, um endlich mit dem lästigen und gefährlichen Nachbarn abrechnen zu können – koste es, was es wolle.

13. Stimmt es, dass die Menschen vom Krieg begeistert waren?

Jeder kennt heute noch die Bilder mit fröhlich lachenden Soldaten in vollgestopften Eisenbahnwaggons mit der Aufschrift «Nach Paris, mich juckt die Säbelspitze» oder «Auf Wiedersehen auf den Boulevards». Solche Bilder wurden schon im August 1914 von den Zeitungen veröffentlicht und haben für ein ganzes Jahrhundert das Bild des «Aufbruchs der Nation» in den Krieg von 1914 symbolisiert. In den 1920er und 1930er Jahren wurde diesen Bildern der »Begeisterung» nostalgisch nachgehangen, und seit den 1960er Jahren tauchen sie regelmäßig auf, wenn es gilt, den Krieg von 1914 in Erinnerung zu rufen und die Unbedenklichkeit, ja Frivolität der damaligen Menschen zu kritisieren.

Die Forschung der letzten Jahrzehnte hat allerdings ein viel differenzierteres Bild der Stimmung des August 14 ergeben. Die oberflächliche Hurra-Begeisterung, das Lärmen auf den Straßen und das wüste Gejubel über «Jeder Schuss ein Russ, jeder Stoß ein Franzos', jeder Tritt ein Britt» ließ sich vor allem in den wenigen Großstädten wie Berlin oder München vernehmen, wo die Transportzüge der Soldaten aufeinander trafen und die Truppen zum Aufmarsch gesammelt wurden. In den kleineren Städten oder in den Dörfern – und hier lebten vor 1914 die meisten Deutschen – sah es allerdings zumeist ganz anders aus, etwa so, wie es Ernst Jünger in der Rückschau beschrieben hat:

«Während wir auf dem von den Sonnenstrahlen erwärmten Dache saßen und plauderten, fuhr unten ... der Landbriefträger mit seinem Rade vorbei. Ohne abzusteigen rief er uns die beiden Worte ‹Mobilmachung befohlen› zu, die wohl schon seit Stunden der Telegraph unaufhörlich über Stadt und Land verbreitete. ... Wir packten das Gerät zusammen und beschlossen, unten im Dorf einen Trunk zu tun. Vor dem Rathause sahen wir, daß der Mobilmachungsbefehl bereits angeschlagen war. Im Kruge war keine besondere Aufregung zu bemerken – dem niedersächsischen Bauern ist die Begeisterung fremd, die zähe Erdkraft ist sein eigentliches Element. Erst spät gingen wir wieder nach Hause und sangen auf der einsamen Landstraße das schöne Lied: ‹Auf, auf Kameraden von der Infanterie, es gilt für unser Leben›.»

Die Stimmung wird zumeist als «unerträgliche Gewitterschwüle» beschrieben, als geprägt von massiven Vorahnungen, Befürchtungen und ganz konkreten Sorgen. Diese betrafen zunächst einmal die Felder, die zu jenem Zeitpunkt gerade «in voller Ähre» standen. Wer sollte sie denn ernten und damit die Subsistenz der Familien für das kommende Jahr gewährleisten, wenn die jungen Männer nun alle ins Feld ziehen sollten? Auch das Bild der weinend Abschied nehmenden Mütter und Ehefrauen war damals weit verbreitet. Andererseits gab es zweifellos, als die Entscheidung zum Krieg gefallen war, überall eine tiefe Entschlossenheit zum Kampf für das Vaterland. Sehr treffend hat ein Weltkriegsveteran in einem Interview in den 1980er Jahren auf die Frage nach der «Augustbegeisterung» geantwortet: «Ja selbstverständlich waren wir begeistert, es war eine Stimmung wie in der Kirche». Uns klingt dieser Satz heute paradox, denn das Wort «Begeisterung» hat seinen Sinn seit damals gewandelt. Im August 1914 bedeutete es vor allem noch «geistige Bewegtheit» und «Hoch die Herzen».

Das große Schlachten

14. Wie viele Soldaten wurden während des Krieges mobil gemacht? Genaue Zahlen lassen sich bei der weltumspannenden Ausdehnung des Ersten Weltkriegs und angesichts der damaligen statistischen Möglichkeiten naturgemäß nicht nennen. Die Historiker gehen von einer Gesamtzahl von ca. 70 Millionen im Laufe des Krieges mobilisierten Männern aus. In den ersten zwei Jahren strömten 2 Millionen Freiwillige vor allem auf der Seite der Alliierten zu den Waffen, ab 1916 herrschte überall ein Wehrpflichtsystem.

Das Deutsche Reich mobilisierte zwischen 1914 und 1918 insgesamt 13,3 Millionen Männer, Österreich-Ungarn 9 Millionen. Dazu kamen die Türkei mit 1,6 Millionen und Bulgarien mit 1,2 Millionen. Somit standen auf Seiten der Mittelmächte insgesamt wohl 25 Millionen Mann im Felde.

Für die «Alliierten und Assoziierten Mächte» sind folgende Zahlen relativ gesichert: Russland mobilisierte mehr als 15 Millionen Soldaten, Frankreich (einschließlich Kolonien) 8,2 Millionen, Großbritannien (inklusive Dominions und Indien) 9,5 Millionen, Italien beteiligte sich mit 5,2 Millionen, Belgien mit ca. ½ Million, Rumänien und Serbien mit jeweils 1 Million und schließlich die USA mit 3,9 Millionen Soldaten. Der Beitrag der übrigen ca. 20 Staaten wird auf ungefähr 1 Million geschätzt. Insgesamt wurden also auf Seiten der Alliierten ca. 45 Millionen Mann unter die Fahnen gestellt.

15. Was versteht man im Ersten Weltkrieg überhaupt unter «Schlachten»? Eine Schlacht war ursprünglich ein entscheidendes Aufeinandertreffen an einem Tag. Noch der Krieg von 1870/71 war in der Regel auf zeitlich klar eingegrenzte Manöver und einige wenige direkte Zusammenstöße der Hauptmassen der feindlichen Heere beschränkt, die dann – wie der «Sedanstag» – in mythischer Erinnerung blieben.

Gemäß den Planungen der Generalstäbe sollte der Erste Weltkrieg nach spätestens drei bis vier Monaten und einigen wenigen großen Schlachten zu Ende sein. Niemand plante für einen langjährigen Abnutzungskrieg. Am Anfang schien sich dieses schnelle Ende auch zu bewahrheiten, und die «Grenzschlachten» des August 1914 sowie die Marne-Schlacht Anfang September schienen diese Erwartung zu bestätigen. Dann aber kam alles ganz anders. Die Schlachten zogen sich immer mehr in die Länge, Verdun 1916 dauerte von Mitte Februar bis Ende Juni und die Somme-Schlacht im selben Jahr von Juli bis November. Dabei sind diese Enddaten noch relativ willkürlich gewählt, da in diesem Kriegsgelände in Wirklichkeit kontinuierlich weitergekämpft wurde. Diese Beispiele zeigen die ganz neue Intensität der Schlachten, in denen nunmehr geradezu unendlich viele Soldaten und Waffen aller Art eingesetzt werden konnten. Der ganze Erste Weltkrieg war im Grunde viel weniger ein totaler Krieg als eine totale, unendliche Schlacht, gehörte doch der Kampf gegen Zivilisten und die Zerstörung großer Städte noch nicht zu seinem Repertoire. Und diese totale Schlacht war ein Kampf ohne Pause, auch wenn es immer wieder Frontabschnitte gab, in denen relative Ruhe herrschte und sich die Soldaten in den Unterständen und der Etappe regelrecht langweilten. Hinzu kam, dass ein Kampf zwar unter Umständen in der Nacht abflauen konnte, es aber keinerlei konzertierte Unterbrechungen mehr gab, etwa um die Verletzten vom Schlachtfeld zu holen, was eigentlich ein zivilisierender Standard seit Gründung des Roten Kreuzes gewesen war. Charakteristisch für diesen Krieg wurde auch das «leere Schlachtfeld», das «Niemandsland» zwischen den sich manchmal nur hundert Meter gegenüberliegenden Schützengräben – ein Terrain, das von Artillerie, Maschinengewehren sowie den Scharfschützen unter Kontrolle gehalten wurde. Wer hier hineingeriet, war tot oder starb qualvoll an seinen Verwundungen, weil ihn seine Kameraden nicht mehr bergen konnten. Immer wieder haben die Soldaten vom Entsetzen berichtet, das sie befiel, wenn sie tagelang das Schreien und Stöhnen, nur wenige Meter entfernt, anhören mussten, ohne helfend eingreifen zu können.

Die Erfahrung der «totalen Schlacht» führte zum Entstehen der ebenso zynischen wie konsequenten strategischen Abnutzungsschlacht. Verdun war bereits eine solche gewesen, die Somme ebenfalls, und anschließend setzten die alliierten Generale darauf, dass sie auf Dauer über mehr «Material» an Menschen und Waffen verfügen würden als die Deutschen. Genau diese Strategie des industrialisierten Vernichtungskrieges hat dann auch schließlich den gewünschten Erfolg gehabt.

16. Warum mussten sich die deutschen Armeen im September 1914 an der Marne zurückziehen? Anfang September 1914 war der deutsche Plan, Frankreich in wenigen Wochen zu überrollen, gescheitert, weshalb oft behauptet wird, dass er zwangsläufig scheitern musste. Dies trifft aber nicht zu, denn Deutschland hätte an der Marne auch siegen können. Dann wäre der Erste Weltkrieg kein Weltkrieg geworden, sondern sicherlich alsbald zu Ende gewesen. Aus diesem Grunde ist in Deutschland das Debakel der Marne-Schlacht bereits während, aber vor allem nach dem Krieg Gegenstand bitterer Auseinandersetzungen gewesen. Wer war schuld an dieser Niederlage?

Der Aufmarsch der deutschen Angriffsarmeen vollzog sich zunächst trotz des unerwartet starken belgischen Widerstandes einigermaßen planmäßig. Die 1. Armee unter Alexander von Kluck und die 2. Armee unter Karl von Bülow zogen im weiten Bogen durch Nordfrankreich. Erste große Schlachten ab dem 25.8. (Namur, Charleroi, Mons) wurden mit Bravour gewonnen. Die französischen und britischen Armeen mussten sich zurückziehen. Die deutschen Armeeführer Kluck und Bülow waren überzeugt, dass die Gegner «auf der Flucht», also in ungeordnetem Rückzug seien. Deshalb begannen sie eine energische «Verfolgung». So stark war diese Überzeugung, den vermeintlich fliehenden Feind jetzt endgültig fassen und damit den Krieg beenden zu können, dass auch die 3. Armee unter Max von Hausen ganz im Gegensatz zum Feldzugsplan aus ihrer abwartenden Stellung hervortrat, um das finale Halali nicht zu verpassen. Diese «Verfolgung» hatte für die Deutschen fatale Konsequenzen, denn zunächst war die Armee v. Bülow so schnell unterwegs, dass Kluck nicht folgen konnte, so dass sich zwischen den beiden Armeen ein ca. 40 km breiter Spalt auftat. Weiterhin wurde der ursprüngliche Plan der Umzingelung von Paris von Westen her fallengelassen, und man ließ die Hauptstadt mit ihrer riesigen Garnison von ca. 150 000 Mann «rechts liegen». Die Armee Kluck schwenkte einfach nach links ein, um Bülow an die Marne zu folgen, mit dem Ergebnis, dass ihre gesamte rechte Flanke weitgehend ungedeckt vor Paris lag. Es war folgerichtig, dass die französische Armeeführung, die von diesem unerwarteten «Linksschwenk» bald unterrichtet war, die Kräfte der Garnison Paris und dazu weitere, vom Osten herangeschaffte Korps versammelte und ab dem 6. September offensiv gegen die offene Flanke vorgehen ließ. Kluck erkannte die Gefahr zu spät; der sofort unternommene Versuch, zwei Armeekorps quasi aus dem Stand in Richtung Paris zu drehen, konnte nicht gelingen, zumal die Kluft zwischen den beiden deutschen Angriffsarmeen dadurch noch vergrößert wurde. Zudem war die Kommunikation zwischen den beiden Armeen äußerst mangelhaft. In dieser Situation entsandte Helmuth von Moltke am 8. September den Oberstleutnant Richard Hentsch zu den Angriffsarmeen. Nachdem er sich ein Bild von der strategisch bedenklichen Lage gemacht hatte, informierte er die Oberkommandierenden Kluck und Bülow, deren Armeen untereinander keinen Kontakt hatten! Daraufhin ordneten beide Armeeführer ohne weitere Rücksprache mit der Obersten Heeresleitung den Rückzug ihrer Truppen an die Aisne an. So ging der Krieg an der Marne verloren, weil die Deutschen die Widerstandskraft der Franzosen fahrlässig unterschätzt hatten.

17. Sind die französischen Soldaten wirklich im Taxi zur Marne-Schlacht gefahren? Die Deutschen konnten ihren Aufmarschplan hauptsächlich deshalb nicht durchhalten, weil die Franzosen nicht davonliefen. Im Unterschied zum Krieg von 1870 waren sie dieses Mal in der Lage, sich nach den ersten schrecklichen Niederlagen der Grenzkämpfe vom August 1914 rasch neu zu sammeln und die heranrollenden deutschen Armeen in Schach zu halten.

Wichtig hierfür war zunächst, dass der französische Generalstabschef, General Joseph Joffre, die Ruhe bewahrte – dies vielleicht auch, weil er die Schwere der französischen Verluste (40 000 Mann an drei Tagen, allein 20 000 Mann am 22.8.1914) nicht korrekt mitgeteilt bekam. Jedenfalls gelang es ihm, die Regimenter und Divisionen neu zu orientieren und aufzustellen. Einige ranghohe Generäle wurden wegen Unfähigkeit vor dem Feind versetzt, die Armeen umgruppiert, und es wurde eine neue Armee geschaffen, die westlich von Paris den rechten deutschen Vormarschflügel voller Elan und Energie angriff.

Die mythische Geschichte der Marne-Taxis ist hierfür symbolisch geworden: Der Militärgouverneur von Paris, Joseph Simon Galliéni, hatte schon Ende August eine große Menge privater Fahrzeuge requirieren lassen, darunter 150 Pariser Taxis, um für alle Fälle gewappnet zu sein, fürchtete man doch eine Besetzung von Paris. Die Regierung hatte sich bereits nach Bordeaux zurückgezogen. Aber am 6.9., nachdem Joffre den Befehl zum Gegenangriff gegeben hatte, ließ Galliéni die Gesamtheit der Pariser Taxen requirieren, um einige Regimenter rasch von Meaux an die neue Front im Nordosten von Paris bringen zu können. Insgesamt wurden am 7.9. auf diese Weise 4000 Mann über eine Strecke von ca. 50 km transportiert. Zwar hat diese Episode keinen entscheidenden Einfluss auf den Ausgang der Marne-Schlacht gehabt, doch die französische Erinnerung hat sie zu einem Mythos stilisiert: Hier ging es einerseits um das pfiffige Ausnutzen eines damals hochmodernen Transportmittels für militärische Zwecke, andererseits und vor allem um ein sichtbares Zeichen, wie stark und direkt doch die Welt der Zivilisten an den militärischen Entscheidungen teilnahm.

18. Wer hat die Schlacht von Tannenberg 1914 gewonnen? Mitte August 1914 brachen, viel früher als gedacht, russische Truppen in Ostpreußen ein. Zwei Armeen von jeweils ca. 150 000 Mann gelangten so weit nach Westen, dass sich die wenigen dort befindlichen deutschen Verbände sogar auf einen Rückzug über die Weichsel einstellten. Dörfer und Städte brannten, eine Flüchtlingswelle bewegte sich nach Westen, Königsberg war in Gefahr, und in Deutschland war die Empörung über die «Russengräuel» groß. In dieser Situation löste Generalstabschef Helmuth von Moltke den Oberkommandierenden Maximilian von Prittwitz ab und ersetzte ihn durch einen seit längerem pensionierten General namens Paul von Hindenburg, der aus Ostpreußen stammte und das dortige Terrain sowie die Aufmarschmöglichkeiten genau kannte. Ihm gesellte er einen der auffälligsten Heerführer der jüngeren Generation hinzu, Generalleutnant Erich von Ludendorff, der noch 1912 gemeinsam mit Moltke die Aufmarschabteilung des deutschen Generalstabs geleitet und Anfang August 1914 als Brigadekommandeur an der so umjubelten Einnahme von Lüttich großen Anteil gehabt hatte. Die beiden Generale wurden per Sonderzug an die Ostfront gebracht, und wenige Tage später gelang es ihnen, die zwei vorgerückten russischen Armeen nicht nur aufzuhalten, sondern beinahe vernichtend zu schlagen. Die erste russische Armee unter General Paul von Rennenkampf operierte nördlich der Masurischen Seenplatte, die zweite Armee unter Alexander Samsonow südlich. Ludendorff gelang es, die beiden Korps der 8. Deutschen Armee zuerst so gegen Samsonow vorgehen zu lassen, dass dessen Armee in kürzester Frist regelrecht eingekesselt war. Das wiederum brachte die noch kaum kriegserfahrenen russischen Soldaten zur Verzweiflung, und nahezu 100 000 von ihnen gerieten in Gefangenschaft. Noch nie zuvor in der Weltgeschichte hatte es eine solche Zahl gegeben. Angesichts dieser Katastrophe flüchtete sich Befehlshaber Samsonow in den Selbstmord.

Wer für die geniale Strategie und den Erfolg verantwortlich war, darüber ist in den 1920er Jahren erbittert gestritten worden, vor allem zwischen Ludendorff und seinem Generalstabschef Max Hoffmann. Aber die Auffassung, dass dies Ludendorffs Verdienst war, hat sich durchgesetzt. Es war nämlich seine Idee gewesen, das Gros der Truppen gegen die nur vage über die Ereignisse informierte Armee von Rennenkampf zu wenden. Dabei wurden große Truppenmassen per Eisenbahn «verschoben», was unter den bestehenden Verhältnissen eine logistische Meisterleistung war. So wurde die Armee Rennenkampf, die ihren Vormarsch fortgesetzt hatte ohne zu ahnen, dass die Deutschen auf ihre Flanke stießen, ebenfalls zum Rückzug in die zum Teil unzugänglichen Masurischen Seen gezwungen. Trotz aller Teilerfolge gelang es den Deutschen aber nicht, diese russischen Armeen zu vernichten. Der Kampf verlegte sich nach Südosten.

Hindenburg verstand viel von Selbstinszenierung und Heroenkult. Das zeigte schon sein erfolgreicher Vorschlag, dieser Schlacht den Namen «Tannenberg» zu geben, obwohl sich andere Ortschaften wie z. B. Ortelsburg viel näher am Ort des Geschehens befanden. Bei Tannenberg aber hatte fünfhundert Jahre zuvor eine Schlacht der Ritter des Deutschen Ordens gegen die Polen stattgefunden, und die damalige Niederlage konnte nunmehr symbolisch ausgelöscht werden. Der Sieg bei Tannenberg begründete das alles überragende Renommee der beiden Volkshelden Hindenburg und Ludendorff, vor allem Hindenburg wurde geradezu kultisch überhöht.

19. Zogen bei Langemarck wirklich Studenten das Deutschlandlied singend in den Tod? Einer der berühmtesten Heeresberichte des Ersten Weltkrieges ist der vom 11. November 1914: «Westlich Langemarck brachen junge Regimenter unter dem Gesange ‹Deutschland, Deutschland über alles› gegen die erste Linie der feindlichen Stellung vor und nahmen sie.»

Langemarck ist ein kleiner Ort in Flandern, wo im Zuge des «Wettlaufs zum Meer» im Spätherbst 1914 Regimenter aus der Heeresreserve, noch kaum ausgebildet und mit rudimentärer Bewaffnung, auf die kampferfahrenen Berufssoldaten des britischen Expeditionskorps stießen und zu vielen Hunderten im Maschinengewehrfeuer umkamen. Ob und was sie bei diesem vergeblichen Ansturm gesungen haben, ist nicht genau bekannt, aber der Mythos des «Deutschland Deutschland über alles» hat sich daran nicht gestört.

Dieser Mythos entsprach ein wenig einem sehnsuchtsvollen Abschied von einer alten Kriegswirklichkeit, die nunmehr durch Schützengräben und Betonbunker ersetzt wurde. Hand in Hand singend voranzustürmen, so war es im Krieg von 1870 mit Frankreich gewesen, davon hatten die Eltern erzählt und daran erinnerten sich alle. So wurde «das Lied von Langemarck» bereits während des Krieges immer wieder als Sinnbild für Kameradschaft und Elan herangezogen – am wenigsten allerdings von den Soldaten im Felde, die mit dieser Verherrlichung und Verniedlichung ihres täglichen Kampfes wenig anfangen konnten. Die Wirklichkeit dieses Krieges hat ein «Langemarck»-Kämpfer in einem Brief an seine Eltern beschrieben: «Vor Dixmuiden, 28. Oktober 1914: Mit welcher Freude, welcher Lust bin ich hinausgezogen in den Kampf, der mir als die schönste Gelegenheit erschien, Lebensdrang und Lebenslust sich austoben zu lassen. Mit welcher Enttäuschung sitze ich hier, das Grauen im Herzen. ... die ganze Kampfesweise ist es, die abstößt. Kämpfen wollen und sich nicht wehren können! Der Angriff, der mich so schön dünkte, was ist er anders als der Drang: Hin zur Deckung da vorn gegen diesen Hagel tückischer Geschosse. Der Feind, der sie entsendet, nicht zu sehen».

Gerade weil der Krieg so anders geworden war, ist der Mythos von Langemarck lange sehr lebendig geblieben und immer wieder neu aufgefrischt worden. Bald war von «studentischen Regimentern» die Rede, weil sich in diesen neu aufgestellten Regimentern tatsächlich eine überproportionale Anzahl von Studenten und Schülern (!) befand. Das war neu, denn Studenten wurden gemeinhin als sog. «Einjährig-Freiwillige» und Anwärter auf Offizierskarrieren nicht gemeinsam mit gewöhnlichen Gefreiten eingesetzt. Und dieses Novum war natürlich geeignet, den Mythos vom «klassenlosen» Heere, der «Nation in Waffen», zu stärken.

Die Schlacht von Langemarck blieb also ein heroisches Gegenbild zum tatsächlichen Maschinenkrieg. Dichter, Historiker, Politiker und Militärs wurden nicht müde, auf das «Erlebnis von Langemarck» zu verweisen. Am stärksten verbreitet war das Gedicht des bekannten

Kriegspoeten Will Vesper: «Wir haben ein Grab gegraben/für lauter junge Knaben/ist jeder noch ein Kind./Sie haben so brav gestritten/den bittren Tod erlitten/getrunken, als wäre er Wein. ... Und noch im Taumel des Falles/klang: Deutschland über alles/über alles in der Welt.»

In den 1920er Jahren wurde «Langemarck» vollends zum mythischen Gegenbild des Maschinenkrieges. 1928 wurde der deutschen Studentenschaft sogar ein offizieller «Langemarck-Tag» verordnet und im Nationalsozialismus fortgeführt. Adolf Hitler, der diese Art von Krieg eigentlich verabscheute, hat sich in «Mein Kampf» sogar selber in die Reihe der Langemarck-Kämpfer eingereiht. Bereits 1933 wurden Richtlinien erlassen, das Langemarck-Gedenken den englischen und französischen Feiern für den «Unbekannten Soldaten» anzugleichen. Heute halten noch immer Langemarck-Straßen in einer Vielzahl von deutschen Städten dieses Ereignis fest.

20. Was versteht man unter «Wettlauf zum Meer»? Nachdem sich die deutschen Armeen an der Marne zurückgezogen hatten, erfolgte eine merkwürdige Zick-Zack-Bewegung der gegnerischen Armeen, die sich in einer Art Umeinanderrotieren immer weiter in westliche Richtung bewegten, bevor sie an der Kanalküste zum Stehen kamen. Dieses Vorwärtsschrauben der eng aneinander geklammerten Heereskörper ist oft als «Wettlauf zum Meer» bezeichnet worden, in der Annahme, dass Franzosen und Engländer genau wie die Deutschen versucht hätten, sich der für den Nachschub entscheidend wichtigen Hafenstädte zu bemächtigen. In Wirklichkeit lag dieser Bewegung der Armeen aber keinesfalls eine solche Absicht zu Grunde, sie ergab sich lediglich aus der Tatsache, dass die gegnerischen Heere zwischen Mitte September und Ende Oktober 1914 unaufhörlich versuchten, sich gegenseitig «auszuflanken», also den Gegner jeweils von der Seite zu «packen». Flanken einer Armee sind im Bewegungskrieg verletzlicher als die Front. Auf diese Weise gerieten die Heere ganz unwillentlich zu dem Punkt, wo eben eine weitere Bewegung nicht möglich war, ohne nasse Füße zu bekommen – an einen Angriff bzw. ein Landeunternehmen wie 1944 vom Meer her hat damals interessanterweise noch niemand gedacht.

21. Warum mussten die Soldaten Schützengräben bauen? Schützengräben gibt es wohl schon, seit es Kriege gibt. Im antiken Rom waren sie gebräuchlich, im Mittelalter dienten sie zu Verteidigungsaktionen genauso wie zu Belagerungen, im Dreißigjährigen Krieg wurden sie weiterentwickelt und im 19. Jahrhundert sowohl für Verteidigungsaufgaben als auch für Angriffsoperationen benutzt. In «Meyers Konversationslexikon» von 1894 werden sie ausführlich gewürdigt, aber nur als ein Unterkapitel des Stichwortes «Feldbefestigungen». In den Balkankriegen von 1912/13 waren sie oft schon das, was sie im Ersten Weltkrieg ausschließlich werden sollten, nämlich Schutzstellungen der Soldaten gegen übermächtiges und nicht mehr offensiv zu überwindendes gegnerisches Feuer.

In der Kriegsplanung von 1914 war von Befestigungen dieser Art kaum die Rede, da man einen raschen und extrem offensiv geführten Krieg erwartete. Ab dem Spätherbst 1914 mit seinem «Wettlauf zum Meer» begannen die Armeeführungen zu verstehen, dass ungestüme Offensiven nur ungeheuren Blutzoll forderten. Schon während der Kampfhandlungen gruben Soldaten spontan 1- oder 2-Mann-Löcher, meist mit Klappspaten und Piken geschaffene Vertiefungen von Granateinschlägen. Doch weil man weder vordringen konnte noch zurück durfte, mussten sich die Soldaten gewissermaßen in Schutzbauten einrichten. So entstanden regelrechte Schützengrabensysteme. Die erste Linie verlief 100–200 m von der feindlichen Linie entfernt. Zumeist wurden mehrere (in der Regel drei) Linien von parallel zur Front verlaufenden Schützengräben gebaut. So sollte es möglich sein, Teildurchbrüche feindlicher Truppen wieder aufzufangen. Auch wurden die Schützengräben in Form einer Zickzacklinie angelegt, um einen bereits eingedrungenen Gegner doch noch weiter bekämpfen zu können. Zudem gaben die Vorsprünge Deckung und verringerten die Streuwirkung der Geschosse. Diese Gräben wurden in dem Maße, wie die Front «stabil» blieb, immer weiter ausgebaut. Es wurden Unterstände und/oder regelrechte Zimmer errichtet. Auch die Brustwehren wurden durch Schießscharten und erhöhte Postenstände immer komplexer. Sie waren untereinander mit sog. «Laufgräben» verbunden. «Stichgräben» oder «Sappen» waren in das «Niemandsland» vorgetriebene Stollen in Richtung auf die feindlichen Schützengräben. Sie dienten der Feindbeobachtung oder für kleinere Überraschungsangriffe, insbesondere des Nachts.

Eine besonders große Bedeutung erhielten die Schützengrabensysteme in der Somme-Schlacht von 1916. Hier hielten die deutschen Feldbefestigungen den vier Tage lang wütenden Artilleriebeschuss der Briten aus, so dass deren anschließender Vormarsch am 1. Juli 1916 blutig zurückgewiesen werden konnte.

Nachdem sich die Schützengräben 1916 und 1917 trotz aller Offensiven als unüberwindlich erwiesen hatten, verloren sie ab März 1918 an Bedeutung, da die inzwischen eingesetzten Panzer diese Gräben überwinden konnten. Auch gab es Bombardierungen vom Flugzeug aus, so dass schließlich der Bewegungskrieg wieder die Oberhand gewann.

22. Wieso wurde der Krieg auch bis in den Fernen Osten ausgedehnt? Wenn man von der «Ostfront» spricht, ist eigentlich nur der Krieg in Osteuropa gemeint. Wie aber konnte es geschehen, dass sich der zunächst ja nur europäische Krieg bis nach China und Japan ausdehnte – was einer der wichtigsten dafür Gründe ist, dass wir ihn den Ersten Weltkrieg nennen?

Tatsächlich kam es bereits ab 1915 zu einer «globalen Vernetzung von regionalen Konflikten, wobei außereuropäische Mächte maßgeblich an den kriegerischen Auseinandersetzungen beteiligt waren» (S. Förster). Treibende Kraft hierbei war Großbritannien, dessen weltumspannender Macht das Deutsche Reich wenig entgegenzusetzen hatte. Schon am 5. August 1914 beschloss die britische Regierung, den Krieg auch in die deutschen Kolonien zu tragen. Neuseeländische und australische Kräfte sollten die deutschen Kolonien in China (Tsingtau) und auf den Pazifik-Inseln (u. a. Bismarck-Archipel) angreifen. Auch der Verbündete Japan sollte sich an solchen Aktionen beteiligen. In kürzester Frist waren die deutschen Besitzungen in den Händen der Entente. Schon am 7.11.1914 musste Tsingtau vor den Japanern kapitulieren. Australier und Neuseeländer nutzten die günstige Gelegenheit, sich der ozeanischen Besitzungen Deutschlands zu bemächtigen – die Japaner gingen hier leer aus. Auch das Osmanische Reich, das Ende Oktober als Verbündeter Deutschlands in den Krieg eingriff, erhoffte sich entscheidenden Zugewinn im Osten, vor allem im Kaukasus, auf Kosten Russlands. Aber nicht genug mit solchen territorialen Ambitionen: Sultan Mehmed V. rief im November 1914 in seiner Eigenschaft als Kalif den «heiligen Krieg» (Djihad) aus, um die moslemischen Untertanen des British Empire in Ägypten und Indien zum Aufstand zu bewegen. Da auch die deutsche Regierung ähnliche Aktivitäten in Ägypten entwickelte, wurde der Krieg hier für einige Zeit sehr verbissen geführt, letztlich aber ergebnislos. Die Deutschen setzten sogar ein Asien-Korps in Marsch, das aber keine nennenswerten Erfolge hatte. Insgesamt blieb die Haltung der verschiedenen hier im Schatten der großen Mächte Krieg treibenden Völker und Nationen an eigenen territorialen und ideologischen Zielen orientiert. Krieg tobte auch in Palästina, Syrien und dem Libanon, zionistische Freischärler mischten sich ein, schließlich zerbrach das Osmanische Reich vollständig an diesen inneren Kriegen, die nur noch wenig mit den Intentionen und Interessen der großen Mächte zu Beginn des Krieges zu tun hatten. Die Region versank im Chaos mit Nachwirkungen bis in unsere Zeit.

Sehr bekannt geworden ist dieser «Wüstenkrieg» durch Lawrence von Arabien, eine ebenso reale wie mythische Gestalt. Als britischer Nachrichtenoffizier erhielt Thomas Edward Lawrence 1914 im von England beherrschten Ägypten den Auftrag, Beduinenstämme und andere Araber gegen das Osmanische Reich zu mobilisieren. Da die Türkei ein wichtiger Allianzpartner des Deutschen Reiches war, lag den Engländern sehr daran, deren Verbindungslinien zu stören und die Türkei quasi «von innen her» in Bedrängnis zu bringen. Lawrence war für diese Aufgabe besonders geeignet, weil er beste Verbindungen zu den Arabern hatte, ihre Sprache beherrschte und Land und Menschen liebte. Ihm gelang es, aus schlecht bewaffneten einheimischen Kämpfern eine gut ausgebildete Guerilla zu formen, die sich den türkischen Truppen nicht in offener Feldschlacht stellte, sondern subversiv vorging, indem sie beispielsweise die strategisch entscheidende Hedjas-Bahnlinie sabotierte. 1917 konnte sogar die Hafenstadt Akaba eingenommen werden. Im Oktober 1918 gelang seiner immer besser funktionierenden Truppe der Einzug in Damaskus, kurz bevor britische Truppen dort eintrafen. Lawrence hatte gehofft, auf diese Weise die arabischen Unabhängigkeitsbestrebungen festschreiben zu können, gerade weil er wusste, dass Frankreich und Großbritannien diese Region als Kriegsbeute teilen wollten. Genau dies geschah auch nach Kriegsende. Lawrence versuchte noch auf der Versailler Friedenskonferenz, einen möglichst großen Freiheitsraum für die arabische Bevölkerung zu erwirken, hatte aber keinen Erfolg. Frustriert zog er sich zurück, lehnte alle Orden und Auszeichnungen für seine Dienste ab. Das war ein umso stärkerer Affront gegen seine

Regierung, als Lawrence in England zu diesem Zeitpunkt schon berühmt und sehr beliebt war. Dazu hatte nicht zuletzt die Tatsache beigetragen, dass ein amerikanischer Kriegskorrespondent seine Kriegstaten in die Heimat vermittelte. Es kann nicht verwundern, dass solche individuellen Heldentaten in einer Zeit des anonymen Massensterbens die Menschen faszinierten. So wurde auch Lawrence' Lebensbericht, den er 1926 unter dem Titel «Die sieben Säulen der Weisheit» veröffentlichte, später zu einem Welterfolg. Dieses Epos wurde 1962 mit Peter O'Toole, Omar Sharif und Alec Guinness verfilmt und ließ das Interesse an Lawrence noch einmal so anwachsen, dass die «Sieben Säulen» danach aufs Neue in einer Vielzahl von Auflagen erschienen.

23. Was heißt ANZAC Day? Noch heute wird jedes Jahr der «ANZAC Day» in Australien und Neuseeland feierlich begangen. Es ist der wichtigste nationale Feiertag, eine Mischung aus «Volkstrauertag» und einem Tag der nationalen Freude, wie etwa der «14 Juillet» in Frankreich.

ANZAC ist die Abkürzung von «Australian and New Zealand Army Corps», also der Truppen, die Australien und Neuseeland als Teil des British Empire ab 1915 für den Krieg zur Verfügung stellen mussten und die in beiden Ländern auf Freiwilligenbasis zusammengerufen wurden (im British Empire gab es noch keine Wehrpflicht).

Eingesetzt wurde dieses Armeekorps in Stärke von jeweils einer australischen und neuseeländischen Division (mit Hilfsformationen insgesamt 30 000 Mann) zum ersten Mal bei der Landungsoperation der britischen Streitkräfte auf der türkischen Halbinsel Gallipoli, die an die Dardanellen anschließt. Die Dardanellen in den Besitz der Alliierten zu bringen und damit sowohl die Türkei zu schwächen als auch einen entscheidenden Schlag gegen die deutschen Nachschublinien zu führen, war ein äußerst wichtiges strategisches Ziel der alliierten Generalität. Auch die Russen und Franzosen waren an diesem Diversionsunternehmen zur Entlastung der Westfront stark interessiert. Das Landemanöver begann am 25. April 1915. Aber die ANZAC-Truppen waren in unwegsamem Gelände abgesetzt worden, was dazu führte, dass sie die zunächst nur ca. 350 türkischen Verteidiger in gut ausgebauten Maschinengewehrstellungen nicht überwinden konnten. Im Gegenteil: Die ANZACs mussten alle Kraft aufbieten, um nicht von den Türken regelrecht ins Meer zurückgestoßen zu werden. Sie bauten daher am Strandgebiet von Gallipoli selber Stellungen aus, so dass ein massiver türkischer Angriff Mitte Mai abgewehrt werden konnte, wobei über 10 000 Türken gefallen sein sollen. Unter schrecklichen Bedingungen verbrachten die ANZACs den heißen türkischen Sommer in ihren Stellungen, ein weiterer Angriff gegen die türkischen Linien am 6.8.1915 scheiterte wieder mit hohem Blutverlust. Innerhalb eines dreiviertel Jahres erlitten die im Laufe der Monate kontinuierlich verstärkten alliierten Truppen vor Gallipoli Verluste von 180 000 Mann, davon ca. 50 000 Gefallene. Nach Abbruch des Gallipoli-Unternehmens wurden 1916 die verbliebenen ANZACs an die Somme verbracht, wo sie ebenfalls mit riesigen Blutverlusten weiterkämpften. Davon zeugen heute noch die dortigen speziellen neuseeländischen und australischen Soldatenfriedhöfe und Heldengedenkstätten.

Dieser erste große gemeinsame Blutzoll hat dazu geführt, dass Australier und Neuseeländer sich seitdem immer stärker als eigenständige Nationen verstanden und beanspruchten, selbständige – im «Commonwealth» nur noch lose miteinander verbundene – souveräne Staaten zu sein. So waren beide «Nationen» an den Friedensverhandlungen von Versailles beteiligt, gehörten aber nicht zu den Signaturmächten des Vertrages. Allerdings waren sie bereits «souverän» genug, um die Völkerbundsakte, Teil desselben Vertrages, eigenständig unterzeichnen zu dürfen.

24. Sollten die Franzosen in der Schlacht von Verdun «ausgeblutet» werden? Eines der bekanntesten und umstrittensten Dokumente des Ersten Weltkriegs ist die sog. «Weihnachtsdenkschrift» des Generalstabschefs Erich von Falkenhayn vom Dezember 1915. Hierin heißt es u. a., dass man die Franzosen nächstens vor Verdun angreifen wolle, weil Frankreich wegen der symbolischen Bedeutung dieses Ortes «gezwungen ist, den letzten Mann einzusetzen». Und weiter heißt es: «Tun sie das, so werden sich Frankreichs Kräfte verbluten, da es ein Ausweichen nicht gibt, gleichgültig, ob wir das Ziel selbst erreichen oder nicht.» Diese Denkschrift spiegelt einen (für Falkenhayn typischen) unglaublichen Zynismus. Es ist indessen fraglich, ob es sie jemals gegeben hat. Der einzige «Fundort» sind nämlich Falkenhayns Nachkriegs-Memoiren, in offiziellen Archiven ist das Dokument nie gesichtet worden. Deshalb liegt die Vermutung nahe, dass es sich bei dieser «Denkschrift», die Falkenhayn dem Kaiser persönlich um Weihnachten 1915 überreicht haben will, um eine Fälschung handelt. Neuere Forschung hat erwiesen, dass die Idee vom Ausbluten der Franzosen (bzw. vom «Weißbluten», wie man damals sagte) erst zu dem Zeitpunkt von Generalstabsseite und von der Propaganda benutzt wurde, als man erkannt hatte – nämlich ab Mitte März 1916 –, dass der geplante «Durchbruch» nicht mehr zu schaffen war. Zu vermuten ist also, dass Falkenhayn die «Denkschrift» schlicht erfunden hat, um nachträglich das gescheiterte Verdun-Unternehmen zu rechtfertigen. Falkenhayn, der 1920 gestorben ist, hat noch nach dem Krieg behauptet, dass seine Strategie bei der Verdun-Schlacht richtig gewesen sei, denn schließlich hätten die Franzosen vor Verdun dreimal so viele Soldaten verloren wie die Deutschen, sie seien also tatsächlich «ausgeblutet» worden. In Wirklichkeit waren die Verluste – wie aber erst seit 1922 bekannt – auf beiden Seiten ungefähr gleich groß: Beide Nationen «verloren» vor Verdun jeweils ca. 350 000 Tote und Verwundete. Verdun erwies sich also als die damals sog. «Blutpumpe» nicht allein für die französischen, sondern genauso für die deutschen Soldaten.

In der soldatischen Erinnerungsliteratur der 1920er und 1930er Jahre wird immer wieder dieser Zynismus des Oberkommandos beklagt. Die Soldaten waren alle überzeugt gewesen, dass es galt, die Stadt Verdun einzunehmen, um endlich den Weg nach Paris frei zu machen. Für ein so großes Ziel erschien ihnen jedes Opfer gerechtfertigt. Nun aber hieß es, dass sie vor Verdun zu Hunderttausenden geopfert worden waren, nicht etwa, um die Stadt zu erobern, sondern um ein ebenso zynisches wie sinnloses Kalkül zu realisieren. Die Verdun-Kämpfer fühlten sich «verraten und verkauft», und unter ihnen wuchs die Überzeugung, dass dieses Verhalten ihres militärischen Führers auch ein «Dolchstoß» in den Rücken des kämpfenden Heeres gewesen sei.

25. Wie viele Soldaten fielen am ersten Tag der Somme-Schlacht?

Nach einem fünftägigen Vorbereitungsschießen von mehr als 2000 Geschützen auf die deutschen Stellungen begann am 1. Juli 1916 um 7.30 Uhr der Angriff der britischen und französischen Truppen an der Somme. Dieser Tag ist im Gedächtnis Großbritanniens bis heute lebendig, weil nicht weniger als 19 240 Soldaten im Maschinengewehrfeuer der deutschen Verteidiger ihr Leben ließen. 35 493 Soldaten wurden mehr oder weniger schwer verletzt. Es war «der blutigste Tag in der britischen Geschichte» (P. Simkins).

Wie konnte es zu dieser Katastrophe kommen? Die britische Armee bestand im Sommer 1916 nur noch zum geringsten Teil aus den Berufssoldaten der «British Expeditionary Force» von 1914. Auch die 1915 in die Armee geströmten Freiwilligen («Kitchener's Army») reichten inzwischen nicht mehr aus, so dass Anfang 1916 die Wehrpflicht eingeführt werden musste. Insgesamt sind 3 Millionen Briten wehrpflichtig geworden. Dies hatte zur Folge, dass die britische Armee nunmehr zwar sehr viele Soldaten hatte, aber die frisch rekrutierten Wehrpflichtigen im Sommer 1916 erst rudimentär ausgebildet waren und keinerlei Kampferfahrung hatten.

Für den seit Januar 1916 geplanten Angriff an der Somme mussten diese unerfahrenen Truppen voll eingesetzt werden. Um ihnen die Angst zu nehmen und sie zum Angriff zu motivieren, wurde ihnen von ihren Oberen eingetrichtert, dass der Angriff nur eine Art Spaziergang sein werde, weil man zuvor die deutschen Stellungen «sturmreif» geschossen haben werde. So gingen die britischen Soldaten mit schwerer Ausrüstung «over the top». Bald stellte sich allerdings heraus, dass die Deutschen zwar durch den tagelangen Beschuss schwer gelitten hatten, aber keineswegs kampfunfähig waren. Sehr viele Maschinengewehrstellungen waren intakt geblieben. Ein gut konstruiertes Maschinengewehr-«Blockhaus» konnte ganze Regimenter aufhalten bzw. «vernichten», was auch geschah.

Der 1. Juli 1916 ist deshalb bis heute für England und Großbritannien die größte Katastrophe, die sich jemals an einem einzigem Tag ereignet hat, und ihrer wird immer noch intensiv gedacht. Zehntausende Briten strömen jedes Jahr am 1. Juli an diese Stellungen bei Beaumont-Hamel, Fricourt, Thiepval, Mametz u. a.

Sowohl für Kriegsgegner als auch für Militaristen ist in Großbritannien der 1. Juli ein Tag der Auseinandersetzung geblieben. Die einen beklagen das sinnlose Massenopfer, verursacht durch unfähige Generale, die anderen feiern die unbedingte Opferbereitschaft der Soldaten zum Ruhme der britischen Nation.

In 150 Tagen Kämpfen an der Somme hatten die Briten Verluste (Gefallene und Verwundete) von 419 654 Mann. Die Franzosen verloren an der Somme 204 353, die Deutschen ca. 465 000 Mann.

26. Was versteht man unter Michael-Offensive? Unter dem Codenamen «Michael» bereitete die Oberste Heeresleitung seit November 1917 einen gewaltigen «Durchbruch» an der Westfront vor. Man wusste, dass Deutschland den Krieg nicht mehr lange würde durchhalten können. Seit Anfang 1918 landeten die amerikanischen Truppen bereits zu Hunderttausenden in den französischen Häfen, und die amerikanischen Waffenlieferungen erreichten gigantische Ausmaße. Im Grunde ging es für Deutschland jetzt nur noch darum, den Krieg an der Westfront so zu gestalten, dass die Gegner sich auf einen «ehrenvollen» bzw. für Deutschland noch profitablen Waffenstillstand einlassen mussten.

Von Januar bis März 1918 wurden mehr als 5 Millionen Menschen, nämlich Soldaten, technische Dienste, Kriegsgefangenen-Arbeiter usw. an die Westfront verbracht, davon nicht weniger als 1,4 Millionen deutsche «Sturmtruppen». Die Soldaten der Angriffsarmeen waren besonders für den Kampf im Bewegungskrieg geschult und entsprechend mit leichten Maschinengewehren, tragbaren Mörsern, Gas- und Flammenwerfern bewaffnet.

Unter den verschiedenen möglichen Operationsgebieten entschied sich die OHL für die «Nahtstelle» zwischen der englischen und französischen Armee im Bereich Péronne, weil es hier am ehesten gelingen konnte, Schwächen der gegnerischen Verbindungslinien auszunutzen. Von hier aus wollte man die gesamte englische Front «von hinten aufrollen».

Der Angriff sollte am 21. März von drei immens vergrößerten Armeen erfolgen: Die 17. Armee im Bereich Arras-Cambrai mit 19 Divisionen und 1900 Geschützen; die 2. Armee zwischen Cambrai und Saint-Quentin mit 18 Divisionen und 1800 Geschützen; die 18. Armee im Bereich Saint-Quentin-Soissons mit 24 Divisionen und 2500 Geschützen – zusammen also 61 Divisionen, das waren insgesamt ca. 1,4 Millionen Mann. Noch nie war in diesem Krieg eine solche Truppenmasse an einer Stelle versammelt worden. Reservestellungen waren indessen nicht vorgesehen, was zeigt, dass die OHL nunmehr alles auf eine Karte setzte.

Zunächst schien der gewagten Taktik auch ein großer Erfolg beschieden zu sein, zumal man mit einer für den Gegner sehr unangenehmen Überraschung aufwartete. Das sog. «Wirkungsschießen» der Artillerie als Vorbereitung für den Angriff, das in den Jahren zuvor immer bereits ca. eine Woche lang die gegnerischen Stellungen zertrümmert hatte, bevor die Sturmtruppen nachrückten, wurde erst am Morgen des 21. März begonnen. Damit hatte der Gegner nicht gerechnet, und dahinter stand ein ungeheurer Wagemut der am Sturm beteiligten Divisionen, Regimenter, Bataillone und Kompanien. Auch die Soldaten hatten das - befreiende - Gefühl vom «letzten Hieb» und waren entsprechend opferbereit. In wenigen Tagen rückten die «Durchbruchs»-Divisionen auf eine Tiefe von bis zu 60 km in der Gegend von Péronne vor. Das war ungefähr 10- bis 15-mal so viel, wie man es aus den Schlachten der Jahre 1916 und 1917 gewohnt war.

Aber gerade die Tiefe dieses Vorstoßes bereitete die größten Probleme - und das hätte die OHL eigentlich wissen müssen. Denn in dem Kampfgebiet, schon durch die Somme-Schlacht von 1916 vollständig zerstört und tatsächlich «wegelos», war trotz allen Anfangs- und Sieges-Elans der Truppen auf Dauer nicht weiterzukommen. Die »innere Linie», nämlich die Verbindung zum Nachschub, konnte nicht annähernd reibungslos funktionieren. Man hatte zu wenig Transportmittel (vor allem kaum gummibereifte LKWs) und deshalb zu geringen Nahrungs- und Materialnachschub. Deshalb kam die Offensive bei Amiens zum Erliegen. Die OHL verlegte sich aus diesem Grunde auf weitere und immer planlosere Vorstöße zunächst in nordwestlicher Richtung (Béthune - Ypern - Lille) mit dem Codenamen «Georgette» und dann noch auf die Operation «Blücher» zwischen Compiègne und Reims, wo man im Mai tatsächlich noch an einigen Stellen über die Marne gelangte.

Die Nutzlosigkeit dieser punktuellen «Vorstöße» wurde den Frontsoldaten immer stärker bewusst, und ihre Energie erlahmte genauso wie ihre Disziplin. Hauptgrund hierfür war die Entmutigung durch die ungeheuren Verlustzahlen dieser Offensiven. Im März waren nach der offiziellen Statistik nahezu 500 000 «Verluste» (also Gefallene, Verwundete, Vermisste) zu beklagen. Zudem litten die Soldaten Hunger, so dass sie nach Einnahme eines Ortes nicht bereit waren, direkt weiter vorzugehen, sondern sich an den Proviantlagern der Alliierten gütlich taten. Nach diesen Erfahrungen wussten die Verantwortlichen, dass der Krieg nicht mehr zu gewinnen war.

27. Wer war der «rote Baron»? Fast jeder weiß, dass es sich hierbei um das Fliegerass Manfred von Richthofen handelt. Aber warum ist dieser Weltkriegsheld noch so bekannt, vielleicht heute die populärste Gestalt des Ersten Weltkriegs in Deutschland? So sehr, dass er noch unlängst Thema eines Spielfilms mit dem Titel «Der Rote Baron» wurde? Und wieso überhaupt «Roter Baron»?

Das liegt daran, dass die Fliegerei im Ersten Weltkrieg von Anfang an einen besonderen Rang hatte. Das Flugzeug war eine noch ganz junge Erfindung und wurde zu Beginn des Ersten Weltkrieges zumeist nur eingesetzt, um feindliche Stellungen zu beobachten. Gelegentlich wurden auch «Fliegerpfeile» abgeworfen, kleine Pfeile aus Stahl, die, wenn sie trafen, schwere Verwundungen oder den Tod verursachen konnten. Wichtiger aber war zunächst die Funktion der Flieger als Artilleriebeobachter. Ab 1916 wurden die Flugzeuge dann Kampfmaschinen. Die Piloten griffen gegnerische Flugzeuge direkt an. Daraus entwickelten sich die sagenumwobenen Luftkämpfe zwischen den Flugzeugpiloten, von denen Manfred von Richthofen der auch von den Feinden bewunderte Alleskönner war. Auch Hermann Göring gehörte zu den herausragenden Kampffliegern.

Die Kampffliegerei ist so mythisch geworden, weil sie im Ersten Weltkrieg eine Ausnahme darstellte. Hier gab es noch heldischen Einzelkampf, bei dem es zwar um Leben und Tod, aber eben auch um individuelle «Bewährung» und «Exzellenz», um Fairness und Anerkennung durch den Feind ging. Das war im Großen Krieg des anonymen Massensterbens, des «leeren Schlachtfeldes» und der «Vergasung» der Feinde eine heroische Besonderheit, die bis heute nostalgische Empfindungen hervorruft. Deshalb wurden die Namen und Taten dieser hervorragenden Einzelkämpfer auch von der Propaganda so hervorgehoben. Richthofen hieß «der Rote Baron», weil er sein Jagdflugzeug hatte rot bemalen lassen, gleichsam als Kontrapunkt zu der damals auch bei Flugzeugen üblichen Bemalung mit Tarnfarben. Als Richthofen im April 1918 über dem Somme-Gebiet schließlich selbst getroffen wurde und abstürzte, hatte er bereits legendäre 80 Luftkämpfe gewonnen! Er wurde von den Engländern mit allen militärischen Ehren bestattet und sein Tod seiner Jagdstaffel von den Engländern per Flugzettel mitgeteilt, mit allen Bezeigungen des militärischen Respekts.

Schon 1917 wurde ein weit verbreitetes Jugendbuch mit dem Titel «Der rote Baron» publiziert. In der Weimarer Republik blieb Richthofen weiterhin Vorbild, und sein Leichnam wurde 1925 feierlich auf den Invalidenfriedhof von Berlin überführt. Noch 1961 wurde ein Jagdgeschwader der neuen Bundeswehr nach ihm benannt. Die Frage, ob der rote Baron wirklich von einem englischen Piloten abgeschossen oder ob er Opfer der Flak wurde, wird heute noch von Militärliebhabern eifrig diskutiert.

28. Was geschah am Skagerrak? Das Skagerrak ist das Meer im Norden von Dänemark, zwischen Jütland und Norwegen. Hier kam es am 31.5.1916 zu einer der ganz wenigen Seeschlachten des Ersten Weltkriegs, in welcher die britische «Grand Fleet» auf die deutsche Hochseeflotte unter Admiral Reinhard Scheer stieß. Zur britischen Flotte vor Jütland gehörten 28 Schlachtschiffe, 16 schwere Kreuzer verschiedener Bauart und 26 leichte Kreuzer. Hinzu kamen noch 80 Zerstörer. Dieser riesigen Flotte standen auf deutscher Seite 16 Schlachtschiffe, 6 Linienschiffe und 5 Schlachtkreuzer, 11 kleine Kreuzer und 62 Torpedoboote gegenüber.

Zu dem Kampf kam es, weil Scheer die Auseinandersetzung mit der britischen Flotte suchte, um auf diese Weise den deutschen U-Boot-Krieg zu unterstützen. Allerdings wollte er es eigentlich nicht auf einen direkten Zusammenstoß mit der auf jeden Fall überlegenen «Grand Fleet» ankommen lassen, sondern nur in der Nordsee britische Handelsschiffe angreifen. Die Briten konnten aber die entsprechenden Funkbefehle des Admiralstabs richtig deuten und nutzten die Gelegenheit für eine als entscheidend empfundene Auseinandersetzung mit dem deutschen Herausforderer. Allerdings merkten beide Gruppen erst im Verlauf der am Nachmittag des 31.5. mit einem Beschuss auf eine Entfernung von zunächst 13 000 m eröffneten Schlacht, dass sie es wirklich mit der Hauptmacht des Gegners zu tun hatten. Kurz nach Beginn des Fernduells sanken innerhalb weniger Minuten die beiden großen britischen Schlachtkreuzer «Indefatigable» und «Queen Mary». In der Folge suchten die Briten eine Annäherung an das Gros der deutschen Flotte. Stundenlang versuchten die jeweiligen Kommandanten, die Schiffe in schussgünstige Position zu drehen, die «Breitseite» der gegnerischen Schiffe zu finden. Bei diesen Manövern wurden zwei englische Panzerkreuzer und ein Schlachtkreuzer versenkt, Deutschland hingegen verlor nur einen kleinen Kreuzer und vier Torpedoboote. In der Nacht zum 1. Juli setzte sich Scheers Flotte in Richtung deutsche Küste bei Flensburg ab. Bei Nachhutgefechten konnten die Engländer noch einen Schlachtkreuzer und einige kleinere Schiffe versenken.

Bei dieser 14-stündigen gigantischen Kanonade wurden auf deutscher Seite mehr als 3500 Schuss abgefeuert, auf britischer Seite sogar mehr als 4500. Die Geschosse vom Kaliber zwischen 25 und 40 cm konnten bis zu einer Tonne wiegen!

Insgesamt blieb bei dieser Schlacht der Verlust an Schiffen überschaubar: Deutschland verlor einen Schlachtkreuzer, ein älteres Linienschiff, vier kleine Kreuzer und fünf Torpedobote; Großbritannien verlor drei Schlachtschiffe sowie drei Panzerkreuzer und acht Zerstörer. Die Deutschen hatten mehr als 2500 Tote und 507 Verwundete, die Briten sogar 6000 Tote und fast 1000 sonstige Verluste zu beklagen.

In der Nachkriegszeit wurde diese größte Seeschlacht des Ersten Weltkriegs in Deutschland als ein deutscher Sieg gefeiert, weil man nur halb so viel an Tonnage und Toten verloren hatte wie die Briten. Eine irgendwie entscheidende Bedeutung hat diese Auseinandersetzung zwischen den Flotten, die auf beiden Seiten der Stolz der Nation waren, allerdings nicht gehabt.

29. Wieso hieß Ludendorff «Erster Generalquartiermeister»?

«Generalquartiermeister» ist eines dieser Zauberworte, die in jeder Militär- und Kriegsgeschichte gebraucht werden, obwohl sie keiner mehr versteht. Meyers Konversationslexikon von 1895 erklärt dazu, dass «früher» der gesamte Generalstab «Generalquartiermeisterstab» genannt worden sei. Innerhalb des Generalstabes, also derjenigen Institution, welcher «die Vorbereitung der kriegerischen Tätigkeit des Heeres sowie die Unterstützung des Heerführers obliegt», ist der Generalquartiermeister der «zweite Mann» hinter dem Chef des Heeres. Er ist laut derselben Quelle zuständig «für die Besorgung der die militärischen Operationen betreffenden Geschäfte».

Erich Ludendorff war Generalquartiermeister in der sog. 3. Obersten Heeresleitung (OHL), die Ende August 1916 vom Kaiser eingesetzt wurde. Zur Unterstreichung seiner Führungsrolle ließ er sich auch mit dem zuvor nicht existierenden Titel «Erster Generalquartiermeister» titulieren. Sein Chef war Generalfeldmarschall Paul von Hindenburg, der «Held von Tannenberg», der den Sieg über die Russen bei Tannenberg im August 1914 allerdings nicht zuletzt Ludendorff zu verdanken hatte. Dieser hatte dann zusammen mit Hindenburg die Verwaltung der Heere und der eroberten Gebiete an der Ostfront («Oberost») übernommen. Ludendorff war zutiefst «sachorientiert» und rücksichtslos (vor dem Krieg hatte er sich selber Steine in den Karriereweg gelegt, weil er ohne weiteres Vorgesetzte kritisierte oder beschimpfte). Vor allem aber akzeptierte Ludendorff außer der Autorität des Kaisers und Hindenburgs niemandes Rang oder Rat. Zutiefst überzeugt von der sachlichen Notwendigkeit all dessen, was er dachte, war er nicht im Geringsten bereit, sich einem Zivilisten zu fügen, sei er auch Reichskanzler. So war Ludendorff nicht nur zutiefst militaristisch, sondern auch ein ständig politisierender General, der extreme Kriegsziele vertrat. Er war der «heimliche Diktator» (M. Kitchen) Deutschlands, der u. a. den Sturz der sukzessiven Reichskanzler Theobald von Bethmann Hollweg, Georg Michaelis und Georg von Hertling sowie des Außenministers Richard von Kühlmann betrieb. Auch für die Eroberungen im Gewaltfrieden von Brest-Litowsk im März 1918 war Ludendorff verantwortlich. Dabei blieb er stets hinter den Kulissen und galt in der Öffentlichkeit als treuer Adlatus des vom ganzen deutschen Volk zutiefst verehrten Hindenburg. Aber in den meisten Fällen war Hindenburgs Autorität für Ludendorff kaum mehr als ein Deckmantel für seine eigenen Aktivitäten.

Ludendorff war zweifellos nicht nur ein megalomaner Organisator, sondern auch ein entschlossener und mutiger Soldat. Das hatte er schon beim «Handstreich gegen Lüttich» im August 1914 bewiesen, wo er als Regimentskommandeur an der Spitze seiner Truppe half, das Fort zu erstürmen, wofür er den höchst selten vergebenen Orden «Pour le mérite» verliehen bekam. In der 3. OHL entwickelte er auch innovative Konzepte der Truppenführung im Krieg, insbesondere vermochte er es, den Krieg wieder «in Bewegung zu setzen», denn im Unterschied zu seinem Vorgänger Erich von Falkenhayn bestand er nicht darauf, dass die Truppe die Position auf jeden Fall halten müsse. Diese neue Beweglichkeit verkörperte sich im «Stoßtrupp» mit seinen besonders ausgebildeten, hochmotivierten Einzelkämpfern. Allerdings war Ludendorff ein schlechter Stratege. Die Wirkung des Panzers hat er bis zum Kriegsende als gering eingeschätzt, weil er der Überzeugung war, dass Tanks nur da siegreich sein könnten, wo die «Moral» der Truppe ohnehin wankte. Bei dem Michael-Angriff vom März 1918 übersah er die entscheidende Bedeutung funktionierender Nachschublinien. Es scheint, dass er völlig vergessen hatte, dass Soldaten auch essen und sich erholen müssen. Als Ludendorff im September 1918 dann schlicht entlassen wurde, weinte ihm niemand eine Träne nach.

30. Wer war der Chef des deutschen Heeres? Nach Art. 63 der Verfassung des Deutschen Reiches von 1871 stand das gesamte Heer des Reiches «in Krieg und Frieden unter dem Befehle des Kaisers». Und im folgenden Artikel 64 heißt es: «Alle deutschen Truppen sind verpflichtet, den Befehlen des Kaisers unbedingt Folge zu leisten. Diese Verpflichtung ist in den Fahneneid aufzunehmen». Im Krieg hatte der Kaiser des Deutschen Reiches nahezu unbeschränkte Vollmachten, nur in Friedenszeiten gab es einige Ausnahmeregelungen für die bayerische Armee.

Wilhelm II. gerierte sich in der Vorkriegszeit gerne als «Oberster Kriegsherr», ein damals geläufiger Begriff, der allerdings in der Verfassung nicht vorkam. Vor allem Ernennungen und Beförderungen von Offizieren gehörten zum Tätigkeitsbereich des Kaisers, der für seine militärischen Aufgaben über ein «Militärkabinett» verfügte, das ohne jede Kontrolle durch Regierung und Parlament die Entscheidungen des Kaisers vorbereitete.

In der Vorkriegszeit galt Wilhelm II. überwiegend als friedfertig, trotz seiner mit Getöse vorgetragenen «Weltmacht»-Ansprüche und Drohungen mit kriegerischer Aktion. In der Julikrise von 1914 redete er zunächst von einer «Abrechnung» mit den Serben und hielt die Österreicher zu raschem Krieg an. Wenig später aber verlangte er einen «Halt in Belgrad» und wollte eigentlich den Großen Krieg vermeiden.

Im Kriege hielt sich Wilhelm II. ganz überwiegend in den verschiedenen Hauptquartieren des Heeres auf, bei der Obersten Heeresleitung. Aber er redete wenig und handelte kaum. Man behauptete, er habe sich nur in Frontnähe verzogen, weil es ihm in Berlin zu kompliziert wurde, die Regierungsverantwortung mitzutragen und etwa zwischen Kriegszielbefürwortern und -gegnern zu entscheiden. Gelegentlich ließ er sich auch an der Front blicken und von ausgewählten Soldaten bejubeln.

Einen irgendwie bemerkenswerten Einfluss auf die militärischen Entscheidungen aber versuchte der »Oberste Kriegsherr» nicht einmal mehr auszuüben. Während der Zeit der 3. Obersten Heeresleitung unter den Volkshelden Paul von Hindenburg und Erich Ludendorff war die Gestalt des Kaisers nahezu ganz aus der Öffentlichkeit verschwunden. Der Held von Tannenberg, Hindenburg, fungierte ganz öffentlich als Ersatz-Kaiser.

Die Entfernung zur Heimat und die beschützte Umgebung, in der er während des Krieges lebte, führte beim Monarchen zu einem vollständigen Realitätsverlust. Noch im Oktober 1918 war er der Auffassung, dass der Krieg gewonnen werden konnte, er sah auch keinen Grund zum Rücktritt, als die Revolution ausbrach. Gerne wäre er an der Spitze der Truppen gegen die Aufständischen in Berlin eingeritten. Sein «Rücktritt» wurde schließlich ohne sein Zutun vom Reichskanzler Prinz Max von Baden verkündet. Man ließ ihn unbeschadet nach Holland ausreisen, denn niemand interessierte sich mehr für den Obersten Kriegsherrn.

31. Wie war das deutsche Heer im Weltkrieg aufgebaut? Das Feldheer des Deutschen Reiches hatte bei Kriegsbeginn eine Stärke von ziemlich genau 2 Millionen Mann, einschließlich der Offiziere. Dazu kamen das sog. «Besatzungsheer» – also die älteren Jahrgänge, die für den Etappendienst vorgesehen waren – sowie die noch nicht mobilisierten Ersatztruppen in Höhe von 1,7 Millionen Mann. Insgesamt waren also nahezu 4 Millionen Mann in den aktiven Militärdienst eingestellt, eine Zahl, die dann noch unaufhörlich anwuchs. Im Frühjahr 1918 hatte das Feldheer eine Stärke von ca. 4,5 Millionen Mann. Insgesamt hat Deutschland ca. 13 Millionen Soldaten mobilisiert.

Das Feldheer war in 8 Armeen gegliedert, zusätzlich gab es noch 4 Kavallerie-Korps und das Landwehrkorps. Ein Kavallerie-Korps bestand aus 2 oder 3 Kavallerie-Divisionen.

Der Aufbau der einzelnen Armeen war enorm komplex und konnte sich im Laufe der Zeit auch vielfach ändern.

Zur Veranschaulichung sei hier die Strukturierung der 2. Armee wiedergegeben. Sie bestand im Wesentlichen aus: 3 Armeekorps und 2 Reservekorps, dazu kamen noch 2 Landwehr-Brigaden, eine Pionier-Abteilung, eine Telegraphen-Abteilung, ein Funkerkommando, eine Flieger-Abteilung sowie die Etappen-Inspektion der 2. Armee. Ein Armeekorps war wiederum unterteilt in 2, manchmal 3 Divisionen, hinzu kamen noch kleinere Einheiten, die «Korpstruppen» genannt wurden, z. B. ein Scheinwerfer-Zug, Fernsprecher-Abteilung, Flieger-Abteilung.

Was die genaue zahlenmäßige Zusammensetzung dieser Formationen angeht, so variierten sie ebenfalls stark und sind oft nur schwierig zu bestimmen. Eine Division bestand 1914 aus 2 Brigaden à 2 Regimentern (ab 1915 wurde umstrukturiert, so dass 3 Regimenter eine Division bildeten). Ein Regiment setzte sich wiederum zu Kriegsbeginn aus 3 Bataillonen und einer Maschinengewehrkompanie zusammen. Ein Bataillon bestand aus 4 Kompanien. Eine Kompanie war in Kriegsstärke 260 Mann stark (eine Maschinengewehrkompanie bestand aus 90 Mann mit 6 MGs).

Zur Vereinfachung: 1914 hatte ein Regiment also eine Kriegs-Sollstärke von 3210 Mann und eine Division bestand aus 12 840 Mann. Diese Zahl wurde durch kleinere Zusatzeinheiten ohne weiteres auf 14 000 Mann erhöht (was man als Durchschnittsgröße ansehen kann).

Die Kommando-Ebene hatte folgende Rangfolge:

Generalfeldmarschall (höchster Ehrentitel)
Generaloberst (Oberbefehlshaber einer Armee)
General der Infanterie (befehligt ein Armeekorps)
Generalleutnant (Divisionskommandeur)
Generalmajor (Führer einer Brigade)
Oberst (Regimentskommandeur)
Oberstleutnant (zum Regimentskommando befähigter Vertreter)
Major (Bataillonskommandeur)
Hauptmann (Kompaniechef; in der Marine «Kapitän» genannt)
Oberleutnant (Stellvertreter des Hauptmanns, befehligt die Unteroffiziere)
Leutnant (dessen Unterstellter, mit gleichen Befehlsbefugnissen)
Unteroffizier (befehligt eine bis zu 30 Mann starke «Korporalschaft»)
Gefreiter (Stellvertreter des Unteroffiziers)
Gemeiner/Infanterist/Grenadier/Füsilier (einfacher Soldat ohne jegliche Befehlsgewalt)

32. Was versteht man unter Stoßtrupp und Sturmbataillon?

Unter diesen Begriffen versteht man eine Innovation des Ersten Weltkrieges, die nach dem Krieg zu einer Reihe langlebiger Mythen geführt und vor allem in der NS-Zeit das Bild vom Ersten Weltkrieg stark geprägt hat. In gewisser Weise ist das «Profil» des SS-Mannes mit stahlhartem Blick unter dem Helm eine direkte Fortsetzung des Stoßtrupp-Kämpfer-Mythos, materialisiert u. a. in dem NS-Spielfilm «Stoßtrupp 1917» von Hanns Zöberlein.

Stoßtrupp und Sturmbataillone symbolisieren vor allem die Hoffnung, den in den Schützengräben erstarrten Krieg wieder in Bewegung zu bringen und auf diese Weise doch noch zu einer baldigen Entscheidung zu kommen.

Stoßtrupps bildeten sich zunächst spontan auf Regiments- und Kompanieebene: Eine Gruppe von wagemutigen Soldaten, die ohne Rücksicht auf ihr Leben aus den Schützengräben vorgingen, um eine bestimmte gegnerische Stellung einzunehmen. Eine solche Kampfgruppe hatte die Stärke eines Zuges, also ca. 20 Mann (oft aus zwei Gruppen à 8 Mann bestehend). Voraussetzung waren vor allem Wagemut und Kampferfahrung. Buchstäblich «bis auf die Zähne» waren diese Formationen mit Gewehren, Pistolen, Handgranaten, Dolch und Flammenwerfern sowie leichtem MG bewaffnet. Bei den Argonnen-Kämpfen im März 1915 wurden erstmals mehrere solcher Stoßtruppen als sog. «Sturmbataillons» zusammengefasst. Die erste Gruppierung dieser Art war das sagenumwobene «Sturmbataillon Rohr», nach dem Namen seines Anführers, Hauptmann Rohr. Aufgrund seiner Erfolge bei der Verdun-Schlacht im Frühjahr 1916 wurde dieses Sturmbataillon als Lehrtruppe für weitere noch zu bildende Formationen dieser Art eingesetzt.

Während diese Gruppen unter dem Befehl des Generalstabschefs Erich von Falkenhayn nur eine taktische Nebenrolle spielten, fügte sich das Konzept der «individualisierten Kriegführung» glänzend in die von der 3. Obersten Heeresleitung unter Paul von Hindenburg und Erich Ludendorff praktizierte bewegliche Vorwärtsverteidigung ein. Ludendorff wollte gewonnenes Terrain nicht mehr um jeden Preis halten wie sein Vorgänger, sondern war auch zu taktischen Rückzügen und Vorpreschen an anderer Stelle bereit, um die Linie und den Nachschub des Gegners in Unordnung zu bringen. Für diese Strategie waren die Sturmbataillone natürlich hervorragend geeignet, weshalb sie ab 1917 stetig vermehrt wurden. Im Grunde wollte Ludendorff möglichst die gesamte Infanterietruppe auf diese Weise «aktivieren», was aber nicht gelingen konnte, da in einem Massenheer von zuletzt nahezu 6 Millionen Mann dieser besondere Kampfgeist und Wagemut stets nur einer gut ausgebildeten Elite eigen und nicht «jedermanns Sache» war.

In der Revolutionszeit und den Anfangsjahren der Weimarer Republik gingen die Mitglieder von Stoßtrupps und Sturmbataillonen vielfach in die neuen Freikorps über, die sich beim blutigen Niederschlagen revolutionärer Aufstände im Dienst der Regierung «bewährten» und auch als Elitetruppe in den Auseinandersetzungen mit polnischen Truppen bei der Besetzung Westpreußens hervortaten. Von den Freikorps zur SA und später zur SS führte ein gerader Weg.

33. Wer oder was war Ober-Ost? Hinter dieser kaum direkt deutbaren Abkürzung (wird auch «Oberost» geschrieben) verbirgt sich die vielleicht mächtigste Institution des Ersten Weltkrieges, denn Ober-Ost ist die Kurzform von «Oberbefehlshaber der gesamten deutschen Streitkräfte im Osten».

Seit November 1914 hatte Generalfeldmarschall Paul von Hindenburg, der berühmteste und beliebteste Deutsche seit dem Sieg von Tannenberg über die Russen, diesen in der militärischen Hierarchie zuvor unbekannten Rang vom Kaiser erhalten. Er blieb «Oberost» bis zum 28.8.1916, als er Chef der Obersten Heeresleitung wurde, eine Funktion, die er, wie schon die Oberost-Aufgaben, zusammen mit dem Generalquartiermeister Erich Ludendorff ausübte. Sein Nachfolger als «Oberost» wurde Prinz Leopold von Bayern. Von diesem aber sprach und spricht niemand, weil dieses ungeheure Machtkombinat nach wie vor ganz von Ludendorff und Generalmajor Max Hoffmann gelenkt wurde. Hindenburg blieb nur Galionsfigur eines Verwaltungsmolochs, dessen Kompetenzen erst 1916 durch eine «Verwaltungsverordnung» präzisiert wurden. De facto handelte es sich um einen «Militärstaat, in dem die Interessen des Heeres die Politik diktierten» (G. Liulevicius). Die Verwaltung von Ober-Ost war im litauischen Kowno (heute: Kaunas) eingerichtet. Ihre Hauptaufgabe war die wirtschaftliche Ausbeutung der besetzten multiethnischen Gebiete des von der deutschen Armee besetzten russischen Territoriums. Es umfasste das spätere Litauen, Lettland, Weißrussland und die Ukraine. Hierfür galt es u. a., neue Eisenbahn- und Wegeverbindungen einzurichten, was Ludendorff hervorragend gelang. Gleichwohl war die Verwaltung unter Kriegsbedingungen oft chaotisch und zutiefst ungerecht. Ohne Rücksicht auf die Notlage der einheimischen Bevölkerung wurde alles, was nicht «niet- und nagelfest» war, entweder von der deutschen Armee direkt verbraucht oder nach Deutschland verschickt.

Der megalomane Charakter Ludendorff ersann darüber hinaus auch noch die Aufgabe, «Kulturarbeit» in diesem ethnisch, politisch und religiös so heterogenen Gebiet zu verrichten. Zeitungen wurden in den Regionalsprachen herausgebracht, Kinovorführungen organisiert, Bücher gedruckt und verteilt. Das alles hatte zum Hauptziel, nach dem «Endsieg» dieses gesamte Land kulturell an die deutschen Besatzer zu binden, die Bevölkerung quasi freiwillig gefügig zu machen.

Es gab auch verschiedenartige und inkohärente Ideen, wie all diese Gebiete nach einem Friedensschluss verteilt bzw. neu organisiert werden sollten. Die Vorschläge reichten von direkter Annexion bis zur verhaltenen deutschen Präponderanz mit willfährigen einheimischen Regierungen und Verwaltungen. Im Frieden von Brest-Litowsk mit Sowjetrussland im März 1918 wurden einige dieser Ziele der Annexion realisiert. Mit der Niederlage aber war der Traum von Oberost brüsk ausgeträumt.

34. Was bedeutete damals «Etappe»? Das Wort wurde in der napoleonischen Zeit ins Deutsche übernommen (franz: étape) und findet sich noch im deutschen «stapeln» wieder: ein Stapelplatz für Kriegsausrüstung aller Art im Rücken der Front. Im Ersten Weltkrieg wurde aus diesem «Stapelplatz» eine ganze Verbindungszone zwischen kämpfender Truppe und Heimat. Diese erstreckte sich vom rückwärtigen Heimatgebiet bis hin zum eigentlichen Operationsgebiet oder aber, falls zwischen der Heimat und dem Operationsgebiet besetzte Länder lagen, von diesen aus bis an die Kriegszone. In der Etappe befanden sich die wichtigsten Militärhospitäler sowie auch die Freizeiteinrichtungen für Truppen in Ruheposition, die in die Etappe zurückgeführt worden waren, wie etwa Lichtspielhäuser oder Fronttheater sowie ein ausgeklügeltes Bordellwesen.

Die Verpflegungsvorräte aus der Heimat gelangten via Proviantzug, LKW oder auch per Schiff in die Etappengebiete. Hier wurde zwischen dem «Etappenhauptort» und den «Etappenorten» unterschieden, deren Lage und Zahl variabel blieb, je nach Frontverlauf und Wegemöglichkeiten. In jedem dieser Etappenorte gab es eine «Etappenkommandantur». Diese war sowohl für die Organisation der Verpflegung und des Verkehrs zuständig als auch – im Besatzungsgebiet – für den Umgang mit der zivilen Bevölkerung und den Verwaltungsbehörden des besetzten Landes. Damals gab es Begriffe wie «Etappenfuhrparkkolonne» oder «Etappenkraftwagenkolonnen». Diese fuhren zu «Etappenausgabestellen». Solche Wortungeheuer deuten schon die gewaltige Bürokratie an, die sich der Heeresversorgung bemächtigt hatte oder vielleicht sogar für diesen Moloch nötig war. Wichtig war die Etappe auch für die gezielte Weiterbeförderung der vielen Hundert Millionen Briefe und Päckchen von der Heimat zur Front und retour. Diese wurden von den Sammelstellen im Heimatgebiet an die «Feldpostanstalten» im Etappengebiet geleitet und von dort aus so weit wie möglich zu den Empfangsstellen auf der Regimentsebene, von wo aus sie zu den Kompanien weitertransportiert wurden. Erbeutetes Kriegsmaterial wurde in sog. »Beutesammelstellen» verbracht und von dort aus in die Heimat geschickt.

Die bürokratische Organisation der Etappe unterlag der «Etappeninspektion», an deren Spitze ein General stand. Dieser verfügte über einen Stab von Mitarbeitern aller Ränge. So traf beispielsweise der «Etappenintendant» die Maßnahmen zur Verpflegung der kämpfenden Truppe, und die «Etappenmunitionsverwaltung» regelte die Munitionsversorgung. Der Etappeninspektion unterlag auch die Einrichtung von Verkehrswegen und Telefonverbindungen sowie deren Kontrolle und Reparatur.

Die Frontsoldaten hatten allerdings wenig Verständnis für die vielen in der Etappe tätigen (oder untätigen) Zivilisten und für die mit «Etappendienst» privilegierten Soldaten, die schlicht als «Etappenschweine» tituliert wurden. Der Zorn war umso größer, als die nach einem aufreibenden Fronteinsatz in die »Ruhestellung» der Etappe gebrachten Soldaten dort wieder «geschliffen» wurden, um ihnen den im Fronteinsatz abhanden gekommenen Sinn für Zucht und Ordnung wieder beizubringen. Insgesamt kam es im Laufe des Krieges zu einer «tiefen psychologischen Entfremdung zwischen Front und Etappe» (B. Thoss).

Politik im Krieg

35. Was heißt eigentlich «Weltkrieg» und wie viele Länder haben daran teilgenommen? Der Erste Weltkrieg war zunächst ein Krieg der europäischen Nationen untereinander und wurde bald mit der Entstehung von Kriegsschauplätzen in anderen Ländern und auf anderen Kontinenten ein Krieg Europas in der Welt. Hinzu kamen dann außereuropäische Staaten, wie etwa Japan, die sich als Verbündete europäischer Mächte am Krieg beteiligten, aber durchaus ihre eigenen territorialen Interessen verfolgten.

Tatsächlich stand sich während der 4 ½ Jahre des Krieges eine wechselnde Anzahl von Nationen in zwei Lagern gegenüber. Auf der einen Seite befanden sich die sog. «Mittelmächte», nämlich das Deutsche Reich und Österreich-Ungarn. Diesem Bündnis trat kurz nach Beginn des Krieges die Türkei bei (ab 29.10.1914). Bulgarien stellte sich ab dem 15.10.1915 auf die Seite der Mittelmächte, indem es Serbien den Krieg erklärte, weshalb dann England und Frankreich ihrerseits Bulgarien den Krieg erklärten. Auf Seiten des seit Kriegsbeginn «Alliierte und Assoziierte Mächte» genannten Gegenlagers standen von Anfang an sieben Länder: Russland, Frankreich, England, Belgien, Serbien, Montenegro und Japan.

Durch Kriegserklärung an Österreich-Ungarn (nicht an Deutschland!) trat Italien am 23.5.1915 den Alliierten bei. 1916 folgten Portugal und Rumänien. Im Jahre 1917 kamen mit dem Kriegseintritt der USA noch eine Reihe Länder in dieses Lager, die sich hiervon ökonomische und politische Vorteile versprachen: Kuba, Ecuador, Panama, San Domingo, Griechenland, Siam, Liberia, China, Peru, Uruguay, Brasilien und Bolivien. 1918 folgten noch Guatemala, Honduras, Nicaragua, Costa Rica, Haiti und am 30.10.1918 die gerade neu gegründete tschechoslowakische Republik. Es befanden sich also 29 Mächte auf Seiten der Alliierten und im Krieg gegen das Deutsche Reich.

Insgesamt ist bei weitem nicht die ganze Welt in diesen «Weltkrieg» aktiv einbezogen worden, auch existierten noch keine global vernetzten Kriegsschauplätze, wie dies dann im Zweiten Weltkrieg der Fall war. Gleichwohl trägt der Krieg diese schon seit 1914 vielfach verwandte Bezeichnung doch zu Recht, denn die meisten selbständigen Staaten der Welt sind zumindest formal in den Krieg eingetreten.

36. Was sind «Farbbücher» und das deutsche «Weißbuch»? Im 19. Jahrhundert hatte sich in der internationalen Politik der Brauch durchgesetzt, dass Dokumentationen einzelner Nationen, herausgegeben von den jeweiligen Außenministerien, zu wichtigen außenpolitischen Vorgängen in einer bestimmten Umschlagfarbe gedruckt wurden, die sofort die Herkunft signalisierte. England hatte schon seit dem 17. Jahrhundert mit sog. «bluebooks» die Farbe blau gewählt. Deutschland veröffentlichte 1870 das erste «Weißbuch» mit Aktenstücken zur Vorgeschichte des Krieges mit Frankreich. Frankreich hatte gelb gewählt, Russland orange, Belgien grau, Österreich-Ungarn rot und Italien grün.

Meist wurden Farbbücher im Anschluss an eine internationale Krise oder zu Beginn eines Krieges publiziert und dienten der Legitimierung der Politik der jeweiligen Nation. Man veröffentlichte vorzugsweise Quellen aus der diplomatischen Korrespondenz, wobei allerdings oft wenig Rücksicht auf Genauigkeit der Wiedergabe und Komplettheit gelegt wurde. Auch regelrechte Fälschungen konnten gedruckt werden.

Im Ersten Weltkrieg brachte Deutschland als erste der kriegführenden Mächte ein Farbbuch heraus. Das deutsche «Weißbuch. Vorläufige Denkschrift und Aktenstücke zum Kriegsausbruch» wurde bereits am 3. August vom Reichskanzler dem Reichstag vorgelegt. Es sollte beweisen, dass Deutschland sich bis zuletzt um Frieden bemüht hatte und so den «Burgfrieden» gegen kritische Fragen abschirmen. Die anderen Mächte veröffentlichten alsbald ähnliche Dokumentensammlungen in ihren jeweiligen «Landesfarben». Als letztes kam das französische «Gelbbuch» im Dezember 1914 heraus.

Alle diese Publikationen enthielten neben Fehlern, die in der Eile entstanden waren, auch gezielte Fälschungen. Die berühmteste ist sicherlich die des französischen Gelbbuches, wo sich für den 31. Juli 1914 unter der Nr. 118 eine Depesche des französischen Botschafters in Sankt Petersburg, Maurice Paléologue, mit folgendem Text findet: «Auf Grund der allgemeinen Mobilmachung Österreichs und der von Deutschland seit sechs Tagen geheim aber unausgesetzt betriebenen Mobilisierungsmaßnahmen ist der Befehl zur allgemeinen Mobilmachung des russischen Heeres erlassen worden (...)». Die Originaldepesche hatte nur den folgenden Wortlaut: «Die Mobilisierung der russischen Armee ist angeordnet worden.»

Sehr viele dieser Fälschungen wurden entlarvt, als die Sowjets nach der Oktoberrevolution eine Reihe von Dokumenten aus den zaristischen Archiven veröffentlichten, u. a. die Korrespondenz der russischen und französischen Politiker in der Julikrise von 1914.

Deutschland hat sehr früh die Originaldokumente veröffentlicht, um den Schuldspruch des Versailler Vertrags zu entkräften. Hierbei traten aber auch einige Verfälschungen und Auslassungen im deutschen «Weißbuch» vom August 1914 zu Tage.

37. Welche Kriegsziele hatten die Großmächte? Grundsätzlich ist zu unterscheiden zwischen ideologischen und ökonomisch-territorialen Kriegszielen. Erstere waren eigentlich recht mager: Großbritannien verlangte die Wiederherstellung des internationalen Rechts, also die Befreiung Belgiens; die USA wollten nach den Worten des Präsidenten Woodrow Wilson die Welt «reif für die Demokratie» machen; die Deutschen redeten vom «Befreiungskrieg» und vom Ende der Einkreisung, und die Franzosen hatten als eigentliches Ziel die Vertreibung der Deutschen aus ihrem Land.

Die ökonomischen Kriegsziele bildeten sich alle erst während des Krieges heraus. Keine der großen Mächte ist wegen territorialer Erwerbungen in den Krieg gezogen! Für Frankreich war mit Beginn des Krieges evident, dass man ohne eine Rückgabe von Elsass-Lothringen keinen Frieden schließen würde. Aber die oft geäußerte Meinung, dass Frankreich für diese 1871 an Deutschland abgetretenen Gebiete in den Krieg eingetreten sei, ist nicht zutreffend - die sog. «Revanche» hatte seit ca. 1905 keine Rolle mehr gespielt. Als weitere Kriegsziele wurden während des Krieges die Rheingrenze und die Abtretung des Saarlandes formuliert. Bis Kriegsende war das allerdings umstritten und kein offizielles Regierungsziel. Russlands hauptsächliches Kriegsziel war seit langem der Besitz der Meerengen und Konstantinopels, dies wurde ihm von den Alliierten 1915 zugesichert. Im Übrigen lag Großbritannien, Frankreich und den USA vor allem daran, Deutschland zu zerstückeln oder aber auf andere Weise wirtschaftlich zu entmachten. Man wollte ihm seine Kolonien fortnehmen und sie unter den Alliierten aufteilen, mit dem «moralischen» Argument, dass Deutschland wegen seiner besonders brutalen Kolonialpolitik das Recht auf überseeisches Eigentum verwirkt habe. Auch wollten die Entente-Mächte das Osmanische Reich zerschlagen und die arabischen Territorien unter sich aufteilen. All dies wurde im sog. Sykes-Picot-Abkommen vom 16. Mai 1916 festgelegt.

Auch Deutschland hatte zu Beginn des Krieges keine konkreten territorialen Ziele. Man wollte den «Ring der Einkreisung» sprengen. Mit Hilfe der sog. Mitteleuropa-Politik sollte ein eindeutiges ökonomisches Übergewicht Deutschlands in Mitteleuropa realisiert werden, wobei zwischen den Interessengruppen strittig blieb, ob und wieweit man sich mit «indirekter» Herrschaft begnügen könne (z. B. Walther Rathenaus Vorstellungen von einem Wirtschaftsverband unter deutscher Führung) und wieweit man Territorien etwa des europäischen Russland dafür annektieren sollte. Einig war man sich aber in der Auffassung, dass Deutschland nach dem Krieg eine Hegemonialstellung in Europa haben müsse. Bereits im September 1914 wurden diese Kriegsziele, die u. a. auch eine Teilvereinnahmung Nordfrankreichs vorsahen, durch Theobald von Bethmann Hollweg festgelegt. Die Bedeutung des sog. «Septemberprogramms» für die weitere deutsche Politik ist aber unter Historikern nach wie vor sehr umstritten. Zutreffend ist auf jeden Fall, dass Deutschland Belgien beherrschen und zumindest dessen flämischen Teil annektieren wollte. Schon die Besatzungspolitik während des Krieges schuf die Voraussetzungen dafür. Im Laufe des Krieges wurde in Deutschland die Kriegszieldiskussion immer heftiger, wobei sich die Rechte gemeinsam mit den Militärs zu immer weiteren gigantischen Annektionsprogrammen bekannte. Diese wurden in den sog. «Kreuznacher Vereinbarungen» vom April 1917 zwischen der annexionistisch eingestellten Obersten Heeresleitung unter Paul von Hindenburg und Erich Ludendorff sowie der deutschen Regierung festgelegt und im Diktatfrieden von Brest-Litowsk mit Sowjetrussland im März 1918 auch mit Gewalt durchgesetzt. In Deutschland ist lange vergessen worden, dass die Härte des Versailler Vertrages auch eine Antwort auf diese quasi uferlose Annexionspolitik war, welcher sich die führenden Gruppen und Persönlichkeiten des Deutschen Reiches schuldig gemacht hatten.

38. War die alliierte Seeblockade völkerrechtswidrig? England war und blieb während des Ersten Weltkriegs der Hauptfeind der Deutschen. Das «perfide Albion» habe sich vorgeblich aus Wirtschaftsinteressen mit dem «slawischen» Gegner seines «germanischen Brudervolks» verbündet, schon vor dem Krieg die «Einkreisung» betrieben und im Krieg mit seiner völkerrechtswidrigen Blockadepolitik versucht, die Deutschen zum Verhungern zu bringen – das war der wiederkehrende Vorwurf mehrerer Generationen von Historikern und Publizisten in Deutschland seit 1914. Was ist daran zutreffend, und was war reine Kriegspropaganda?

Die Sachlage ist kompliziert. 1856 war nach dem Krimkrieg in der «Pariser Deklaration» der Großmächte festgelegt worden, dass die Blockade feindlicher Küsten durch eine diese effektiv kontrollierende Seemacht legitim sei, genauso wie die Beschlagnahme feindlicher Waren oder Schiffe auf Hoher See. 1907 wurde im Rahmen der Zweiten Haager Friedenskonferenz beschlossen, ein sog. «internationales Prisengericht» einzusetzen. Um dessen Kompetenzen zu bestimmen, wurde 1909 mit der «Londoner Deklaration» der Großmächte festgelegt, dass Blockade eine legitime Kriegsmaßnahme sei, wenn der Blockierende die Fähigkeit hatte, eine Sperrlinie vor den feindlichen Häfen und Küsten aufrechtzuerhalten. Die Blockade neutraler Häfen und Küsten war nicht erlaubt. Für die «Prisenordnung», also die Bestimmung der Waren, die auf Hoher See beschlagnahmt werden durften, wurde festgelegt, dass militärische Ausrüstung aller Art beschlagnahmt werden konnte (absolute Konterbande), aber auch zivile Waren, die möglicherweise militärischen Zwecken dienen konnten (relative Konterbande). Eine sog. «Freie Liste» von Waren durfte in keinem Fall auf Hoher See beschlagnahmt werden, nämlich Rohstoffe für Industrie und Landwirtschaft.

Die Londoner Deklaration hatte den kleinen Schönheitsfehler, dass England sie bei Kriegsbeginn immer noch nicht ratifiziert hatte. Ihre internationale Gültigkeit blieb deshalb strittig. Ab August 1914 behinderte England den deutschen Warenverkehr auf See im Sinne einer «beschränkten Blockade» (G. Hardach). Die deutschen Handelsschiffe wurden von der überlegenen britischen Flotte gestoppt und vernichtet. Dies war eine sog. Fernblockade, mit der die Zufuhr von Konterbande gestoppt werden sollte. Dieser Begriff wurde allerdings nach Belieben ausgedehnt. Importe und Exporte der Mittelmächte auf neutralen Schiffen blieben vorerst unbehindert. Allerdings übte Großbritannien enormen Druck auf die Neutralen aus und hatte bis zum Februar 1915 eine Reihe neutraler Länder wie Dänemark und die Niederlande dazu erpresst, strikte Embargovorschriften für den Handel mit den Mittelmächten zu erlassen.

Ab März 1915 allerdings waren alle diese Einschränkungen überholt. Die Alliierten erklärten ihre Entschlossenheit, nunmehr jeglichen Schiffsverkehr von und zu Häfen ihrer Gegner zu unterbinden.

Als Grund hierfür wurde der im Februar 1915 eröffnete unbeschränkte U-Boot-Krieg der Deutschen angegeben. Man kann darüber streiten, ob dies der Grund oder nur ein Vorwand war. Es steht aber außer Frage, dass die Radikalität der deutschen Versenkung aller feindlichen und neutralen Schiffe mit feindlicher Ware auch von den neutralen Mächten als ein einschneidendes Ereignis (das U-Boot war eine ganz neue Waffe!) angesehen wurde. Die Deutschen haben diese Rechnung nicht akzeptiert, sondern den U-Boot-Einsatz als Reaktion auf die Blockade bezeichnet, als eine Notwehr-Maßnahme gegen die britische «Aushungerungspolitik», wie es noch 1923 der Untersuchungsausschuss des Deutschen Reichstags formulierte.

Die Standpunkte blieben unvereinbar, was bei der Totalisierung des Krieges hin zu einem radikalen Wirtschafts- und Vernichtungskrieg nicht verwundern kann. Völkerrechtlich nicht zulässig war aber ganz zweifellos die Fortführung der Blockade über den Waffenstillstand hinaus, auf der vor allem Frankreich beharrte, um Deutschland zur Unterzeichnung der Friedensbedingungen zu zwingen. Das hat allein in Berlin zwischen November 1918 und der Aufhebung der Blockade im April 1919 mindestens 10 000 Hungertote gefordert und dazu beigetragen, dass die Deutschen auch nach 1918 ein «Volk des Zorns» blieben.

39. Ab wann herrschte Krieg zwischen Deutschland und Italien?

Vor dem Krieg war Italien mit Deutschland verbündet gewesen, hatte aber 1914 bei Kriegsausbruch seine Neutralität erklärt. Nach vielen Verhandlungen mit beiden Kriegsparteien trat Italien schließlich der Entente bei, denn diese bot ihm mehr als die Mittelmächte, nämlich Südtirol und das Trentino. Infolgedessen erklärte Italien am 23.5.1915 Österreich-Ungarn den Krieg. Deutschland brach daraufhin die diplomatischen Beziehungen ab, war aber deshalb noch keineswegs im Kriegszustand mit Italien. Man vermied die laut dem Bündnisvertrag mit Österreich-Ungarn eigentlich fällige Kriegserklärung, solange es irgend möglich war. So kam es zu der absurden Situation, dass deutsche Truppen - das Alpenkorps - gemeinsam mit österreichischen Kontingenten gegen Italien kämpften, ohne im regelrechten Kriegszustand mit diesem Land zu sein. Dem Alpenkorps wurde untersagt, auf italienisches Gebiet vorzudringen, es durfte lediglich in Österreich-Ungarn kämpfen! Ohnehin blieb seine Kampffähigkeit noch sehr beschränkt, denn das Alpenkorps war zu diesem

Zeitpunkt noch eher eine «Lern- und Versuchstruppe, die erst einmal das nötige Training und die richtige Ausrüstung für den Gebirgskrieg brauchte» (H. Afflerbach). So kam es kaum zu größeren Auseinandersetzungen, weil sich auch die Italiener in diesem Frontbereich eher passiv verhielten. Ohnehin wurde das Alpenkorps im Herbst 1915 an die Ostfront nach Serbien verlegt. Krieg zwischen Deutschland und Italien herrschte *de jure* erst ab dem 28.8.1916, als Italien dem Deutschen Reich den Krieg erklärte.

40. Wie konnte man in diesem Krieg neutral bleiben? Das Problem der Neutralität im Ersten Weltkrieg betraf zwei Gruppen von Staaten: zunächst diejenigen, die wie Belgien oder die Schweiz traditionell neutral waren (die Schweiz faktisch seit dem Mittelalter, Belgien aufgrund eines internationalen Vertrages aus dem Jahre 1839). Dazu kamen diejenigen Staaten, die sich aus pragmatischen Gründen im Jahre 1914 keiner der kriegführenden Parteien anschlossen. Hierzu gehörten insbesondere die nordeuropäischen Staaten sowie Holland und Spanien. Italien blieb zunächst neutral, obwohl es formal mit Deutschland und Österreich-Ungarn verbündet war.

Mit Kriegsbeginn setzte ein intensives Bemühen um die Einbeziehung der Neutralen in eines der beiden Lager ein. Während die Schweiz kaum behelligt wurde, gab es immer wieder Versuche, etwa Holland oder die Nordstaaten aus ihrer Neutralität herauszulocken. Die Alliierten waren in dieser Hinsicht besonders erfindungsreich. Sie konnten ihre Werbung mit ökonomischem Druck verbinden, waren doch auch die Neutralen der systematischen britischen Blockadepolitik unterworfen. So konnte etwa ein holländisches Schiff mit Waren für Deutschland ohne weiteres beschlagnahmt oder auch versenkt werden. Besonders stark war das beiderseitige Werben um Spanien, nicht zuletzt wegen der strategischen Bedeutung von Gibraltar. Aber den Spaniern gelang es bis zum Kriegsende, sich diesem Druck zu entziehen. Bei diesem Drohen und Werben galt es vor allem, die Neutralen über den jeweiligen Gegner zu empören. Dazu diente die gezielte Verbreitung von Anklagen, etwa gegen die Gräueltaten der Deutschen beim Durchmarsch durch Belgien und im Krieg gegen Frankreich. Auf der anderen Seite wurden beispielsweise die Franzosen beschuldigt, Schwarzafrikaner mit ihren vorgeblich besonders schaurigen Kampfmethoden gegen «Zivilisierte» einzusetzen.

Während im Westen nur im Falle Italiens die Neutralität offiziell aufgegeben wurde (Italien trat im Mai 1915 zu den Alliierten über), waren die Bemühungen in Osteuropa erfolgreicher. Hier ging es vor allem um Rumänien und Bulgarien, die höchst wichtig für die Lieferung von Nahrungsmitteln und Bodenschätzen waren. Beide Staaten verkauften sich quasi an den «Meistbietenden».

Insgesamt konnten die neutralen Staaten ihren völkerrechtlichen Status aufrechterhalten, solange es ihnen vernünftig oder opportun erschien. Alle wurden aber in irgendeiner Weise in diesen Krieg hineingezogen und hatten unter ihm zu leiden.

41. Was versteht man unter «Gräuelpropaganda»? Das Wort Propaganda hat seine Bedeutung seit dem Ersten Weltkrieg so verändert, wie wir es heute verstehen – vor 1914 war es aber noch synonym mit Produktwerbung, man machte also «Propaganda» für Schuhcreme oder Cognac.

Begonnen hat die überall einsetzende Kriegspropaganda mit den Anklagen der Alliierten gegen die «Gräueltaten» der deutschen Armee beim Einfall in Belgien. Die tatsächlich mit unglaublicher Brutalität durchgeführten Strafaktionen der Deutschen gegen meist nur vermeintliche «Heckenschützen» oder «franc-tireurs» lösten starken internationalen Protest aus. Mehr noch: Von nun an wurde der zum barbarischen Ungeheuer mutierte «Boche» mit riesigem Bild- und Wortaufwand aller nur denkbaren Verbrechen geziehen, wobei die Propaganda neben den tatsächlich erfolgten Erschießungen von ungefähr 6000 Zivilisten auch Raub, Vergewaltigung, Verstümmelung von Frauen und Kindern dazu erfand. Die bebilderte Massenpresse Frankreichs, Englands und der USA war voll von solchen Horrorszenen. Dies war umso bedeutender, als bebilderte Tageszeitungen damals ein noch ganz neues und deshalb Aufsehen erregendes Medium waren. Erst ab 1911 hatte man begonnen, die Tagespresse mit Fotos zu illustrieren – entsprechend glaubwürdig erschien diese Propaganda. So ist etwa über die Beschießung der Kathedrale von Reims oder die Inbrandsetzung der Bibliothek von Löwen – also zwei Kleinodien der europäischen Kultur – mit großem Aufwand an Fotos berichtet worden. Man spürt heute noch das ungläubige Entsetzen, welches sich der Betroffenen beim Anblick dieser Bilder bemächtigte. Wichtig ist, dass diese Gräuelpropaganda anfangs weniger von staatlichen Stellen gelenkt wurde, sondern aus privater Initiative von Zeitungsmachern und Intellektuellen – Künstlern, Lehrern und Professoren – hervorging. Das machte ihre Intensität und Mobilisierungskraft aus. Denn die deutschen Armeen standen ja tatsächlich in Frankreich, und es ging wirklich darum, alle Geister auf die nationale Verteidigung einzustimmen. Für England lagen die Dinge etwas anders, da das Land nicht wirklich vom Einmarsch des Feindes bedroht war. Aber im Unterschied zum wilhelminischen Deutschland war die englische Presse schon seit Jahrzehnten frei von jeder Zensur gewesen. So war man in oft exzessiv betriebenem politischen Streit geübt und brauchte diese polemischen Fähigkeiten nur noch auf den deutschen «Hunnen» zu übertragen, was mit großem Erfolg geschah.

Die Deutschen hatten dieser geistigen Mobilmachung wenig entgegenzusetzen, und sie beherrschten bis zum Kriegsende nicht die Prinzipien der modernen Kriegspropaganda, nämlich die noch so absurdeste Behauptung vielgestaltig, massenhaft und bunt immer wieder aufs Neue zu verbreiten. Während des ganzen Krieges blieben sie propagandistisch weitgehend in der Defensive: «Sind wir die Barbaren?» so lautete der Text eines der bekanntesten Propagandaplakate. Oder man versuchte zu zeigen, dass keinesfalls nur die Deutschen die Kulturstätten der anderen Nationen in Brand schossen, sondern dass die Franzosen und Engländer das genauso taten (was ja zum Teil zutreffend war). Bei den zur Kriegsfinanzierung sehr wichtigen Anleiheplakaten hatten die Deutschen zwar hübsche und teilweise künstlerisch sogar avantgardistische Bilder anzubieten, aber von den Gräueln des Gegners war hier nichts zu spüren, im Unterschied etwa zu französischen und englischen Plakaten, wo ohne weiteres eine Vergewaltigung durch den Hunnen oder ein ans Kreuz geschlagener alliierter Soldat die Stimmung anheizen und das Anleihegeld locker machen sollte.

42. Wer waren der Boche und der Franzmann? Als «Boche» wurde in Frankreich ab dem Krieg von 1870 (heute nur noch sehr selten) der Deutsche charakterisiert bzw. bekämpft. Das Wort bezeichnet eigentlich einen stiernackigen Quadratschädel. In der Zeit nach 1900 war es kaum noch im Sprachgebrauch, kam aber 1914 spontan wieder auf und wurde während des ganzen Krieges als Titulierung des Deutschen an sich immer weiter und immer neu ausstaffiert. Das Bild des bluttriefenden Stiernackendoppelkinnfettwanstes wurde zum Hauptmotiv der französischen Gräuelpropaganda. Die Deutschen hatten kein auch nur ähnlich schlimmes Scheusal aufzubieten, um den Gegner zu charakterisieren, auch wenn es an Versuchen, Gleiches mit Gleichem zu vergelten, nicht mangelte. Für die deutschen Soldaten, genau wie für die Presse und Propaganda, blieb der Franzose stets nur der «Franzmann», dem man zwar Dauersexismus und zu viel Freude am Wein andichtete, der aber - vielleicht gerade deswegen - nicht als Scheusal inszeniert werden konnte; anders der Brite, der als ebenso gefräßiger wie beleibter und immer auf deutsche Kosten unerbittlich schlauer Unternehmer aller möglichen Bosheiten angeprangert wurde. Doch diese deutschen Feindstereotypen blieben relativ gemäßigt. Hasspropaganda mit ganz ähnlichen Bildern, wie sie die Franzosen und Engländer im Ersten Weltkrieg erfunden hatten, kam in Deutschland erst nach 1918 auf, als Reaktion auf den sog. Schandfrieden und vor allem als Reaktion auf die Rheinland- und Ruhrbesetzung 1919 bis 1924.

43. Was war der Bryce Report? Lord James Bryce (1838-1922) war vor dem Ersten Weltkrieg eine international hoch geachtete Persönlichkeit. Er war ein prominenter Historiker, der sich als Spezialist für Mittelalterliche Geschichte einen Namen gemacht hatte. Zudem war er Abgeordneter der Liberalen Partei und bekannt geworden wegen seines Protestes gegen die Behandlung der einheimischen Bevölkerung im Burenkrieg. Gleichwohl wurde er Botschafter Großbritanniens in den USA (1907-1913). Nach dem Ersten Weltkrieg war er ein entschiedener Befürworter der Vereinten Nationen und Richter am Haager Gerichtshof.

Nach den Gräueltaten der Deutschen bei ihrem Durchmarsch durch Belgien und Nordfrankreich im August/September 1914 wurde Bryce von der britischen Regierung mit einer Untersuchung der Vorfälle beauftragt. Seinen Bericht legte er im Mai 1915 vor. Dieser hatte den Titel «Report for the Committee on Alleged German Outrages» (Bericht des Komitees zu den deutschen Gewalttaten), wurde aber allgemein «Bryce Report» genannt. Bryce und seine Mitarbeiter stützten diesen vor allem auf Aussagen geflohener belgischer und französischer Zivilisten, aber auch auf Tagebücher und Briefe, die gefangene deutsche Soldaten bei sich getragen hatten. Der Bericht schilderte sehr detailliert, was sich in einzelnen belgischen Ortschaften abgespielt hatte, und kam zu dem Schluss, dass das deutsche

Militär das Völkerrecht massiv gebrochen hatte, indem es Hunderte von arglosen Zivilisten, auch Frauen und Kinder, standrechtlich erschossen und etwa Ortsvorsteher als lebende Schutzschilde beim Vormarsch benutzt hatte.

Der Bryce Report war mehr als nur ein Glied in der damals entstehenden Kette von «Dokumentationen» über feindliche Kriegsgräuel und deren jeweilige «Widerlegungen» durch die betroffenen Staaten. Bryce hatte große moralische Autorität, und sein Verdikt der deutschen »atrocities» fand vor allem in den USA ein sehr starkes Echo. Dies umso mehr, als der Bericht nur eine Woche nach der Versenkung des britischen Passagierdampfers «Lusitania» im Mai 1915 veröffentlicht wurde, bei dem fast 1300 Menschen, davon 127 amerikanische Staatsbürger, den Tod gefunden hatten. Der Bryce Report war ein mitentscheidender Grund, warum sich die öffentliche Meinung in den USA ganz von Deutschland abwandte und die Unterstützung der Alliierten massiv zunahm.

Sicherlich enthält der Bericht Ungenauigkeiten und Übertreibungen, die der zeitlichen Nähe zum Geschehen und der Einseitigkeit der Dokumentation geschuldet sind. Gleichwohl ist frappierend, wie präzise viele wichtige Einzelheiten schon damals erfasst worden sind, die von der heutigen historischen Forschung vollauf bestätigt werden. Das beste Bespiel hierfür ist die Schilderung der Ereignisse in Löwen (Louvain), wo die Deutschen die historische Bibliothek in Brand setzten, als Strafe für vorgebliche Übergriffe von «Freischärlern». Bryce stellt fest, dass in diesem Fall zweifellos deutsche Soldaten auf andere deutsche Soldaten geschossen haben, weil sie diese in der Dunkelheit und wegen ihrer Nervosität für Freischärler hielten. Die neuesten Forschungen zu den deutschen Gräueltaten haben auch das bestätigt.

44. Sind die Armenier systematisch umgebracht worden? Im Unterschied zum Zweiten Weltkrieg war der Erste Weltkrieg kein Krieg gegen die Zivilbevölkerung und deshalb auch noch kein wirklich «totaler» Krieg. Es gibt allerdings eine Ausnahme, nämlich das Schicksal der armenischen Minderheit in der Türkei. Die «armenische Frage» hatte die Großmächte schon in den 1870er Jahren beschäftigt. Ab 1910 stand sie im Mittelpunkt der «jungtürkischen» Bewegung, die eine Vorherrschaft des Islam über andere Religionen und Ethnien zustande bringen wollte. Im Krieg wurde dieses Projekt auf grausame Weise realisiert. Erste Niederlagen der Türkei gegen russische Truppen wurden auf das Konto von «antitürkischen Elementen» verbucht, es begannen Hinrichtungen und Vertreibungen größeren Ausmaßes. Das geschah unter den Augen deutscher Generale, die im Rahmen des Bündnisses in der Türkei tätig waren. Diese unterstützten das Vorhaben der Türken, die «unzuverlässige» armenische Bevölkerung aus den kriegsnahen Gebieten zu deportieren. Auch die deutsche Regierung bekundete ihr Desinteresse am Schicksal der Armenier. Ihr ging es allein darum, den türkischen Bundesgenossen «bis zum Ende des Krieges an unserer Seite zu haben, gleichgültig, ob darüber Armenier zu Grunde gehen oder nicht», so Reichskanzler Theobald von Bethmann Hollweg in einem Kommentar zu einem diplomatischen Bericht vom Dezember 1915.

Die Massaker begannen am 24. April 1915, als in Konstantinopel nahezu 250 armenische Intellektuelle verhaftet und ermordet wurden. Das war der Beginn eines regelrechten Völkermordes. Türkische Truppen fuhren fort, die armenischen Minderheiten in den verschiedenen Regionen der Türkei systematisch auszurotten. Entweder wurden sie direkt ermordet, etwa durch Ertränken ganzer «Schiffsladungen» von Menschen auf dem Meer, oder sie wurden in Scheunen zusammengepfercht und verbrannt. Am stärksten aber wird die Deportation mit regelrechten Todesmärschen in die Wüste erinnert. Die wichtigsten Vernichtungsorte der deportierten Armenier lagen in Syrien entlang des Euphrats in der Wüste, «wo die Opfer zumeist verhungerten, wenn nicht bestellte Mörder ganze Deportiertenzüge umbrachten» (W. Gust). In der Hauptsache waren die Todesmärsche Ende 1916 beendet, aber es kam noch bis Kriegsende zu weiteren Verfolgungen und Mordaktionen. Die Todeszahlen des Völkermordes, der bis heute von der türkischen Regierung bestritten wird, liegen zwischen 1 Million und 1,5 Millionen. Der Deutsche Bundestag hat 2016 die Geschehnisse als Völkermord klassifiziert. In Frankreich ist dessen Leugnung sogar unter Strafe gestellt worden. Bekannt geworden sind die Armeniergräuel insbesondere durch den deutschen Weltenbummler und Kriegsjournalisten Armin T. Wegner, dessen Fotoreportagen und Vorträge nach 1919 die Öffentlichkeit bewegten und die trotz einiger Verfälschungen noch heute die wichtigste Dokumentation dieses ersten Völkermordes des 20. Jahrhunderts sind.

45. Warum war der Papst so unglücklich? Weil alle Kriegsparteien vom «heiligen Krieg» sprachen, war nichts mehr heilig. «Gott mit uns», «Dieu avec nous», «God with us»: Die Propaganda machte vor nichts halt, und diese «Verheiligung» war sicher ein wesentlicher Aspekt der Totalisierung des Krieges.

Das Oberhaupt der katholischen Kirche, Papst Benedikt XV., der ziemlich genau zu Kriegsbeginn am 3. September 1914 sein Amt angetreten hatte, war von diesem «Völkerkrieg» natürlich besonders betroffen. Mit Beginn des Krieges versuchte er, die Kriegsparteien zum Friedensschluss zu bewegen. Wenige Tage nach seinem Amtsantritt, am 11. September, veröffentlichte der Osservatore Romano ein «Apostolisches Schreiben», in welchem der Papst seinen «Schmerz» über den gegenwärtigen furchtbaren Krieg ausdrückte: «Deshalb werden wir Gott mit den Augen und Händen zum Himmel erhoben anflehen. Wir mahnen und beschwören alle Kinder der Kirche und besonders die Regierenden. Wir bitten zu Gott, damit er die Geißeln der Wut durch seine Barmherzigkeit und Gerechtigkeit von den Sünden der Völker entferne.» In einer Enzyklika vom 16. November 1914 an die Bischöfe der katholischen Kirche führte er dies weiter aus: Für den «schrecklichen Krieg der Geister» seien der Materialismus, die «Verachtung der Autorität» und der Mangel an aufrichtiger Liebe unter den Menschen schuld. Und er wiederholte seinen Friedenswunsch.

Aber niemand ging darauf ein, was mehrere Gründe hatte. Zunächst war der Papst für viele kriegführende Nationen keine Autorität, weil nur geringe Teile der Bevölkerung katholisch waren (Deutschland, England) oder weil wie in Frankreich die Bevölkerung zwar katholisch war, der Staat aber nichts mit der Kirche zu tun hatte bzw. sogar stark antiklerikal eingestellt war. Zudem hatte Papst Benedikt eine Vorstellung von «Neutralität», unter deren Schirm er mit den Kriegsparteien verhandeln wollte, die nicht direkt einleuchtend war. Er hatte sich zu strikter Unparteilichkeit bekannt, was ihm vor allem von den Alliierten vorgeworfen wurde, die eine Verurteilung des deutschen Aggressors erwarteten. Auch wurde der Versuch des Heiligen Stuhls, die traditionellen Beziehungen zum katholischen Österreich-Ungarn für eine Friedenslösung spielen zu lassen, auf Seiten der orthodoxen Kirchen Rußlands und Serbiens als höchst politische Einseitigkeit angesehen. So wurde die politische Aktion des Papstes ganz allgemein verurteilt, für die Franzosen war er schlicht der «papa boche», in Deutschland wurde er gerne als «Französling» apostrophiert. Das änderte sich ein wenig, als Papst Benedikt am 1. August 1917 einen «Friedensappell» an alle kriegführenden Länder sandte, in der er sie zu einem Frieden «des vollständigen und gegenseitigen Verzichts» auf Reparationen und Annexionen aufforderte. Von Deutschland forderte diese päpstliche Note die Wiederherstellung Belgiens, von den Allliierten die Rückgabe der Kolonien an Deutschland. Es gehe insgesamt darum, die «materielle Gewalt der Waffen durch die moralische Kraft des Rechts» zu ersetzen.

Auch um die öffentliche Meinung ihrer Länder zu beruhigen, erklärten sowohl Deutschland als auch Frankreich und Großbritannien ihre grundsätzliche Zustimmung. Allerdings lehnten alle Kriegsgegner die Aufforderung des Papstes zur Zurückgabe annektierter Gebiete ab. Der amerikanische Präsident Wilson äußerte sich sehr positiv, schob dieser Initiative aber gleichzeitig einen Riegel vor, indem er sich weigerte, mit nicht-demokratischen Regierungen zu verhandeln.

Insgesamt hat Benedikt XV. mit seinen vielfachen Initiativen und Bekundungen nicht den geringsten Erfolg gehabt. Bei den Beratungen über die Friedensverträge wurde er auch nicht konsultiert, was ein scharfer Affront war und noch einmal die Vergeblichkeit seiner Bemühungen, im Kriege der gesamten Menschheit dienen zu wollen, unterstrich. So äußerte Benedikt kurz vor seinem Tod (1922) noch verbittert, dass die Landkarte Europas, so wie sie der Versailler Vertrag gezogen hatte, «von einem Verrückten» stammen müsse.

46. Was haben die Pazifisten im Krieg gemacht? Vor dem Krieg war der organisierte Pazifismus in Europa auf ziemlich kleine Vereine und Gruppen linksliberalen Zuschnitts beschränkt. Die Sozialisten waren nicht grundsätzlich gegen Krieg, den Friedrich Engels und Karl Marx als einen Motor der Geschichte ansahen. Sie standen auch für «nationale Verteidigung» und «Volksbewaffnung», waren andererseits aber gegen «imperialistische» Kriege. Die 2. Internationale hatte sogar 1907 eine Resolution beschlossen, in der die Proletarier im Fall eines drohenden Krieges der Kapitalisten zum politischen Massenstreik aufgerufen wurden. Noch Ende Juli 1914 war die Internationale deshalb auf Anti-Kriegskurs. Allerdings war das alles Schall und Rauch, als der Krieg ausgerufen worden war, denn überall war es den Regierungen gelungen, die Linke zu überzeugen, dass es sich um einen reinen Verteidigungskrieg handele.

Während der ersten Phase des Krieges unterstützten die sozialistischen Parteien die Politik des «Burgfriedens» oder der «Union Sacrée». Auch von den traditionell pazifistischen Gruppen bürgerlichen Zuschnitts, etwa der «Deutschen Friedensgesellschaft» unter Alfred Hermann Fried und Ludwig Quidde, war nichts zu hören. Quidde vertrat sogar öffentlich die Auffassung, dass der Bruch der belgischen Neutralität gerechtfertigt gewesen sei.

Im November 1914, als klar wurde, dass der Krieg keineswegs Weihnachten beendet sein würde, kam es zu einer ersten neuen Organisation des Pazifismus im «Bund Neues Vaterland», der Pazifisten aus den unterschiedlichsten politischen Lagern vereinte. Der Bund blieb aber politisch ohne Einfluss und wurde von den Zensurbehörden soweit es ging behindert. Einen neuen Anlauf nahm der Pazifismus dann im Frühjahr 1915, als eine Gruppe international orientierter bürgerlicher Frauenrechtlerinnen in Den Haag einen Friedenskongress organisierte.

Die Pazifisten und Pazifistinnen verfassten Denkschriften an die Regierung und hielten Vorträge, aber das blieben vereinzelte Aktionen, die zudem von den Behörden stets behindert oder untersagt wurden.

Im Jahre 1917 nahmen die Aktivitäten wieder zu, weil die verschiedenen «offiziellen» Friedensinitiativen - des Deutschen Reichstags, des Papstes, schließlich die Wilson'schen «14 Punkte» - das Reden über den Frieden wieder stärker legitimierten. Allerdings gelang es nie, die Pazifisten der verschiedenen politischen Richtungen zu einem gemeinsamen Programm zu vereinen. Nach 1918, als endlich Frieden war, wurde der Pazifismus durch die «Kriegsschuldfrage» wieder zerrissen und handlungsunfähig und Ludwig Quidde zu einem Vorkämpfer für «Deutschlands Unschuld».

Für die internationale Arbeiterbewegung war die Lage nicht viel anders. Die sozialistischen Parteien blieben während des ganzen Krieges bei der «Burgfrieden-Politik» oder wollten die «Union Sacrée» nicht sabotieren. Allerdings führte dies zur Spaltung, denn die linken bzw. «revolutionären» Elemente waren auf Dauer nicht mit einer Politik des Stillhaltens zu befrieden. Schon 1915 kam es zu einem Treffen von internationalen Sozialisten im Schweizerischen Zimmerwald, die Bewegung wurde dementsprechend «Zimmerwalder Bewegung» genannt. An der Konferenz nahmen u. a. Wladimir Iljitsch Lenin und für Deutschland Adolph Hoffmann und Georg

Ledebour teil, die dann wenig später die Spaltung mit der SPD vollzogen und die USPD gründeten. Im Jahr darauf kam es zu einer 2. Konferenz in Kienthal bei Bern. Aber zu einer gemeinsamen Stoßrichtung fanden die Internationalisten nicht. Lenin und die «Zimmerwalder» verlangten die Revolution, die Franzosen und Deutschen wollten es aber bei einem Frieden ohne Annexionen und einem Völkerbund belassen. Eine letzte Versammlung in Stockholm 1917 bestätigte diese Unfähigkeit zu gemeinsamer Aktion. Die Vertreter der Spartakus-Gruppe wollten zu Massenstreiks aufrufen, aber selbst die USPD-Delegierten widersprachen dem.

Die Sozialistische Internationale hatte durch den Krieg ihre Glaubwürdigkeit verloren. So wurde sie 1919 ohne viele Proteste durch die «Große Hoffnung des Jahrhunderts» (J. Garaudy), nämlich die Kommunistische Internationale unter Lenin, ersetzt.

47. Was sind die «14 Punkte»? Unter «14 Punkte» versteht man den wohl weitestreichenden und großzügigsten Entwurf einer neuen Weltordnung nach dem Großen Krieg. Der amerikanische Präsident Woodrow Wilson hatte einen solchen Text schon seit dem Sommer 1917 ausarbeiten lassen. Er sollte belegen, dass die USA nicht aus ökonomischen oder machtpolitischen Gründen auf Seiten der Alliierten in den Krieg eingetreten waren (1.4.1917), sondern weil sie - so Wilsons Formel - die Welt «safe for democracy» machen wollten.

In einer großen Rede vor dem amerikanischen Kongress legte Wilson am 8. Januar 1918 der Weltöffentlichkeit dieses Manifest in 14 Punkten vor. Es war indirekt auch eine Antwort auf Lenins «Dekret über den Frieden», welches der Führer der sowjetischen Revolution zwei Monate zuvor veröffentlicht hatte. Darin hatte er die sofortige Aufnahme von Verhandlungen über einen gerechten demokratischen Frieden gefordert.

Wilsons «14 Punkte» betreffen die Abschaffung der Geheimdiplomatie, absolute Freiheit der Schifffahrt auf den Meeren, umfassende Meistbegünstigungsklauseln zwischen allen Nationen sowie Reduzierung der Rüstungen auf den «niedrigsten Grad, der mit der inneren Sicherheit vereinbar ist». Zudem sollen alle kolonialen Ansprüche «absolut unparteiisch» neu abgestimmt werden, unter Berücksichtigung der «Interessen der Bevölkerung». Weiterhin wird die Räumung ganz Russlands durch Deutschland verlangt, und in etwas verschwommener Form werden die expansiven Tendenzen der gerade revolutionär begründeten Sowjetischen Republik Russlands abgelehnt. Die Wiederherstellung eines freien Belgien und die Rückgabe der von Deutschland 1871 annektierten Teile Frankreichs gehören ebenfalls zu den grundsätzlichen Forderungen. Das Nationalitätenprinzip soll für Italien, Österreich-Ungarn, die Balkanstaaten und Polen grundlegend werden. So weit irgend machbar, soll in diesen Ländern «die freieste Möglichkeit autonomer Entwicklung» aller Ethnien gewährleistet werden. Abschließend fordert Wilson die Schaffung eines Völkerbundes «zum Zweck der Gewährung gegenseitiger Garantien für politische Unabhängigkeit und territoriale Integrität in gleicher Weise für die großen und kleinen Staaten».

Wilsons 14 Punkte wurden von den Alliierten nur teilweise gutgeheißen und von Deutschland zunächst als reine Propaganda abgetan. Erst als es neun Monate später um den Waffenstillstand ging, erinnerten sich die deutsche Regierung und Öffentlichkeit daran und verlangten einen Frieden «gemäß den 14 Punkten». Dazu ist es nicht gekommen, auch wenn wichtige Forderungen, wie die Schaffung eines Völkerbundes, im Versailler Friedensvertrag verankert wurden. Vor allem Wilsons Prinzip, anstelle der vormaligen Vielvölkerreiche wie Russland, Österreich-Ungarn und z. T. auch Deutschland möglichst ethnisch «reine» Nationalstaaten zu setzen, war zum Scheitern verurteilt. In den 1920er Jahren wurde das vielfach versucht, auch mit Hilfe sog. «ethnischer Säuberungen», dies führte aber nur zu blutigen Konflikten und politischer Instabilität der neuen Staaten.

Trotz dieses Scheiterns bleiben Wilsons 14 Punkte von 1918 ein Fanal für eine gerechtere und friedfertigere Welt.

48. Warum konnte oder wollte man nicht früher Frieden schließen? Der Erste Weltkrieg war nicht als totaler und weltumspannender Krieg geplant. Man glaubte allgemein, dass es nach einem harten aber kurzen Schlagabtausch wieder Frieden geben werde. Allerdings zeigte sich schnell, dass dies nicht der Fall war und alle Mächte in jeder Hinsicht investieren mussten. Viele Millionen Soldaten waren genauso wie eine neue und bis dahin nicht bekannte Ausrichtung der gesamten Ökonomie auf den Krieg von Nöten. Um das zu bewerkstelligen, wurden aber auch die Emotionen immer stärker beansprucht. Die Propaganda redete vom Heiligen Krieg und vom Überlebenskampf gegen barbarische Feinde. Einen heiligen Krieg kann man aber erst beenden, wenn das satanische Übel ausgerottet ist. Hinzu kam, dass die Überbeanspruchung der Ökonomien zu einer gigantischen Staatsverschuldung führte, denn die Kriegsausgaben wurden zum größten Teil mittels Anleihen finanziert, die man bei der eigenen Bevölkerung aufnahm oder aber von auswärtigen Kapitalgebern erhielt. Der große ökonomische Krieg fand also «auf Pump» statt und unter der Prämisse, dass nach einem siegreichen Abschluss der Gegner die Zeche zu zahlen hätte (wie man es ja auch 1870 gemacht hatte). Dies war in allen kriegführenden Ländern das offizielle Programm, Alternativen waren nicht vorgesehen. Der von Friedensfreunden immer wieder erhobene und auch von einigen offiziellen Stimmen propagierte «Frieden ohne Annexionen und Kontributionen» war also ökonomisch überhaupt nicht machbar. Infolgedessen führte die Totalisierung des Krieges zu einer immer geringer werdenden Bereitschaft, über Friedensmöglichkeiten auch nur nachzudenken. Dem totalen Krieg musste ein totaler Sieg folgen, sonst war auch der Sieger verloren.

49. Hat der Krieg zur Demokratisierung Deutschlands beigetragen? Deutschland war vor dem Krieg eine «konstitutionelle Monarchie». Es gab eine Verfassung und eine Volksvertretung, den Reichstag, der nach allgemeinem, gleichem und direktem Männer-Wahlrecht gewählt wurde. Allerdings traf dies nicht für Preußen zu, den größten und mächtigsten deutschen Einzelstaat, für dessen Landtag das Dreiklassen-Wahlrecht galt.

Die großen Anforderungen an alle Deutschen, der Aufruf zu Opfer und Verzicht, führte naturgemäß bald zu Forderungen nach Gleichberechtigung («gleiche Pflichten – gleiche Rechte»). Nachdem 1914 und 1915 der Reichstag und die Parlamente der Einzelstaaten fast vollständig im «Burgfrieden» aufgegangen waren, sich entweder vertagt oder ihre Arbeit auf Parlamentskommissionen reduziert hatten, erwachte ab 1916 und mit der Totalisierung des Krieges überall das Bedürfnis nach einer stärkeren Mitwirkung bzw. Machtstellung für den Reichstag. Die Mehrheitsparteien des Reichstages, Zentrum, Sozialdemokraten und Nationalliberale, verlangten nunmehr klare und verfassungsmäßige Mitspracherechte und vor allem eine sofortige Abschaffung des preußischen Dreiklassen-Wahlrechtes. Dies gelang dem Reichstag allerdings nicht, zu stark waren die Widerstände seitens des Kaisers und der preußischen Konservativen. Zweifellos kam es aber zu einer Art «stiller Parlamentarisierung», die man schon daran erkennen konnte, dass ab 1916 prominente Mitglieder der Fraktionen in Regierungsämter gelangten. Friedrich von Payer (Freisinnige Volkspartei) wurde sogar Vizekanzler, was die Konservativen schon fast als Revolution betrachteten. Auch das im Dezember 1916 verabschiedete Gesetz über den «Vaterländischen Hilfsdienst» stärkte den Reichstag (genau wie die Gewerkschaften), weil seine Zustimmung zu dessen Finanzierung als Teil des traditionellen Budgetrechts der Volksvertretung erhalten blieb.

Ein weiterer wichtiger Schritt hin zu einer «Parlamentarisierung» war die Friedensresolution des Reichstags, welche die Sozialdemokraten gemeinsam mit den Liberalen und dem Zentrum im Juli 1917 verabschiedeten. Diese war von einem sog. «Interfraktionellen Ausschuss» der Sozialdemokaten, der Linksliberalen und des Zentrums vorbereitet worden. Die Gemeinsamkeit blieb zerbrechlich, da vor allem in Kriegszielfragen die Meinungen der Parteien weit auseinander gingen.

Gegen Ende des Krieges hatte der Reichstag so viel Selbstbewusstsein gewonnen, dass das Machtvakuum, welches sich spätestens seit September 1918 durch die unvermeidliche Niederlage ergab, ausgenutzt werden konnte. Die Reichstagsmehrheit ergriff am 14.9. die Initiative zu einer vollständigen «Parlamentarisierung» der Reichsgewalt, die dann ab Oktober auch eingeleitet wurde. Diese Tendenz wurde noch bestärkt vom Wunsch des amerikanischen Präsidenten Woodrow Wilson, Waffenstillstandsverhandlungen nur mit einer parlamentarisch legitimierten Regierung zu führen. Die Reformgesetze wurden am 26./28. Oktober 1918 vom Reichstag und Bundesrat angenommen. Der wichtigste Punkt dieser Gesetze war, dass der Reichskanzler nunmehr vom Vertrauen des Reichstags abhängig war. Die Verfassung der Weimarer Republik hat diese Maßregeln im Wesentlichen übernommen - eine Konsequenz der Parlamentarisierung während des Weltkrieges.

Front und Heimat

50. Was waren der Burgfrieden und die «Union Sacrée»? «Burgfrieden» war ein seit dem Mittelalter gängiger Begriff. Er besagte, dass in einer vom Feind belagerten Burganlage keine Fehde ausgetragen werden darf. Am 4. August verkündete Wilhelm II. vor dem Reichstag dieses Prinzip in knapper und bis heute erinnerter Form: «Ich kenne keine Parteien mehr, ich kenne nur Deutsche». Die Worte des Kaisers entsprachen der Gefühlslage nahezu aller Deutschen. Ganz überwiegend war man der Meinung, dass das Deutsche Reich seit langer Zeit «von Feinden umstellt», also tatsächlich eine Art belagerte Burg gewesen sei und der deutsche Angriffskrieg von 1914 in Wirklichkeit nur eine «Vorwärtsverteidigung» gegen den geplanten «Überfall». Daher wurde der Burgfrieden überall enthusiastisch befolgt.

Konkret bedeutete «Burgfrieden», dass die bislang von der Rechten als «vaterlandslose Gesellen» beschimpften Sozialisten in diese Einheitsfront integriert wurden. Mit Ausnahme von Karl Liebknecht stimmten alle Abgeordneten der SPD der Bewilligung der Kriegskredite zu. Öffentliche Bekundungen des Antisemitismus wurden untersagt, was die rechtsradikale Presse auch bis in den Spätherbst 1914 (aber nicht länger) befolgte. Vom katholischen Bevölkerungsteil wurde der Burgfrieden als endgültige Befreiung aus den Fesseln des Bismarckschen «Kulturkampfes» empfunden. Zur Aufrechterhaltung des Burgfriedens wurde mit Beginn des Krieges jede öffentliche Diskussion über «Kriegsziele» untersagt, denn diese waren kontrovers.

Als 1916 die «Kriegszieldiskussion» schließlich freigegeben wurde, bedeutete dies das Ende des Burgfriedens, der aber schon zuvor durch die krassen Ungerechtigkeiten bei der Verteilung der knappen Lebensmittel brüchig geworden war.

Der Burgfrieden war von vornherein eine äußerst labile Konstruktion gewesen und als Stillhalteabkommen zwischen den gesellschaftlichen und politischen Gruppierungen einer «Klassengesellschaft im Krieg» (Jürgen Kocka) eigentlich nur für einen ganz kurzen Ausnahmezustand, nicht aber für einen 4 ½-jährigen Krieg, geeignet.

Dem «Burgfrieden» der Deutschen entsprach die «Union Sacrée» der Franzosen. Diese «Heilige Einheit» des August 1914 gehört noch heute zum unvergänglichen Bestand des kollektiven Gedächtnisses.

Die Spannung zwischen Katholiken und der «laizistischen», stark antiklerikalen Republik trat für die Zeit des Krieges in den Hintergrund. Auch die Arbeiter verzichteten auf den zuvor immer wieder beschworenen politischen Generalstreik im Falle eines «imperialistischen Krieges». Am 4. August 1914 traten die Deputiertenkammer und der Senat zur «Assemblée nationale» zusammen, und es wurde eine Botschaft des Präsidenten der Republik, Raymond Poincaré, verlesen, in der es u. a. hieß: «Im nunmehr beginnenden Krieg wird Frankreich das Recht auf seiner Seite haben, dessen ewige Macht Völker und Individuen nicht ungestraft missachten können. Frankreich wird von allen seinen Söhnen heldenhaft verteidigt werden, deren heilige Einheit (= Union Sacrée) vor dem Feind nichts zu brechen vermag.»

Diese Entschlossenheit, den Feind aus dem Land zu vertreiben, hat bis zum Ende des Krieges die «heilige Einheit» der Nation zusammengehalten. Genau wie der «Burgfrieden» in Deutschland wurde die «heilige Einheit» der Franzosen mit der Fortdauer des Krieges wiederholt in Frage gestellt. Es kam zu Streiks und Aufständen. Aber als Impetus der nationalen Verteidigung blieb sie bis zum Ende des Krieges erhalten.

Für Großbritannien lag die Angelegenheit anders, denn es bestand keine direkte Gefahr eines Angriffs auf die Insel. Doch als die Deutschen in Belgien einmarschierten, schlug die Stimmung radikal um. Sogar die zu jenem Zeitpunkt dominierende Auseinandersetzung um die «home rule», also um die Frage, ob und wieweit Irland ein von England unabhängiges Land werden könnte, wurde vertagt. Geradezu «über Nacht» kam eine Art Kreuzzugsstimmung auf, die das ganze britische Empire erfasste. Das konnte man an der riesigen Anzahl von Freiwilligen ersehen, die nunmehr zu den Fahnen drängten. Insgesamt gab es eine Stimmung des «holy truce» (heilige Waffenruhe). Zwar trat auch in England und Großbritannien während des Krieges eine «moralische» Ermüdung ein, und die irischen «Osteraufstände» von 1916 zeigten die Grenzen der Einigkeit. Aber die Überzeugung der Briten blieb bestehen, dass England die Freiheit der Welt gegen ein barbarisches reaktionäres Monster verteidige.

Der Erste Weltkrieg war und blieb in erster Linie ein Krieg zwischen Menschen, die überzeugt waren, dass es hier wirklich um ihr Leben, ihre Freiheit und ihre Zukunft ging.

51. Welche Strecke konnte ein Soldat pro Tag marschieren, und wie schwer war das Marschgepäck? Meyers Konversationslexikon von 1904 gibt die Geschwindigkeit eines deutschen Soldaten «bei achtstündigem Marsch» mit «1,04 bis 1,22 m/Sekunde» an. Das sind nahezu 4,5 km pro Stunde, was sehr viel ist, wenn man bedenkt, dass die Soldaten von 1914 ein Standardgewicht von ca. 35 kg mit sich tragen mussten und auch im heißesten Sommer in ihre dicken Filzstoffuniformen gekleidet blieben. Nun waren die aktiven Soldaten nicht weniger als 2 Jahre lang in der aktiven Armee gedrillt worden (was damals noch als sehr kurz galt). Zudem waren sie zu mehr als 80 Prozent Bauern, die ohnehin Schwerstarbeit unter schwierigsten klimatischen Bedingungen gewohnt waren.

Der Tagesmarsch einer Kompanie war normalerweise auf 30 km angesetzt, es konnten aber im Extremfall auch 40 km oder mehr werden, wenn es nicht zu kämpfen galt. Allerdings wurden solche Märsche häufig durch Kampfhandlungen unterbrochen, oder aber am Zielort des anstrengenden Marsches hieß es gleich in die Schlacht zu ziehen.

Ein bekanntes Beispiel eines solchen «Gewaltmarsches» sind die Ereignisse während der Marne-Schlacht vom September 1914, wo die Armee Kluck nach Überschreiten des Flusses Ourcq gewahr wurde, dass ihre Flanke von den vor Paris stationierten französischen Truppen massiv bedroht wurde. Zwei Armeekorps mussten binnen zweier Tage eine Drehbewegung vollziehen, um sich dieser Gefahr entgegenstellen zu können. An diesen beiden Tagen haben die Soldaten mehr als 80 km zurückgelegt, bevor sie dann sofort in die Schlacht geworfen wurden.

Die ca. 35 Kilo schwere Ausstattung des Soldaten bestand vor allem aus folgenden Gegenständen: einer Decke und einem Mantel, die über den Tornister gelegt wurden. Brotbeutel und Feldflasche wurden an den Uniformgürtel (Koppel) gehängt bzw. umgeschnallt. Daran hingen auch die drei (manchmal auch mehr) Patronentaschen. Dazu trug der Soldat sein Gewehr mit Bajonett. Hinzu kamen je nach Truppe Klappspaten, Handgranate, Pickel sowie Drahtschere und natürlich noch die Pickelhaube bzw. ab 1915 der Stahlhelm. Im Tornister befanden sich Necessaire, Verbandszeug, Nähzeug, Essbesteck, Hygieneartikel und Taschenlampe. Hinzu kamen persönliche Gegenstände wie Briefe oder Bilder von Angehörigen, eventuell sogar ein Buch, nicht selten als «Feldausgabe» aus Dünndruckpapier (das besonders gut als Zigarettenpapier geeignet war).

52. Was war die Alberich-Aktion? Durch die Kämpfe an der Somme im Sommer 1916 hatte sich die Front ein wenig verschoben. Die deutschen Linien hatten nunmehr im Gebiet von Péronne eine «nasenförmige» Ausbuchtung. Das war gefährlich, weil Flankenangriffe auf beiden Seiten der «Nase» drohten. Zudem wurde der Truppennachschub wegen der nochmaligen hohen Verluste (½ Million) immer schwieriger. Deshalb wollte die deutsche Oberste Heeresleitung unter Paul von Hindenburg und Erich Ludendorff die Front im Bereich dieser «Nase» etwas begradigen, d. h. sie um ca. 20 km zurücknehmen. Neue Frontlinie sollte die sog. «Siegfriedstellung» bzw. «Hindenburglinie» werden, mit deren Befestigung (Unterstände, Schützengräben, Nachschub-Linien) man im November 1916 begann. Gegen jedes Kriegsrecht wurden die Arbeiten zunächst von 26 000 belgischen und französischen Kriegsgefangenen sowie 9000 Zwangsarbeitern ausgeführt, dazu kamen noch 4000 Mann Bewachungstrupps. Im Februar und März 1917 wurden zur Fertigstellung noch ca. 80 000 deutsche Soldaten abgestellt. Für die Bauarbeiten wurden u. a. 510 000 t Kies und Schotter, 110 000 t Zement und 12 500 t Stacheldraht verbraucht.

Der Rückzug der Fronttruppen auf diese neue Stellung wurde «Aktion Alberich» genannt, in Anspielung auf den Hüter des Schatzes der Nibelungen, der sich unsichtbar machen konnte und auch List und Tücke nutzte, um den Schatz zu retten.

So wie der mythische Alberich verhielten sich die Deutschen auch bei ihrem Rückzug auf die Siegfriedlinie. Kein Stein blieb auf dem anderen, kein Baum ungefällt, kein Grashalm ungeknickt. Im gesamten Rückzugsgebiet wurden alle Gebäude zerstört, Brunnen vergiftet, Minen gelegt – das alles, um dem nachrückenden Gegner keine Deckung zu gewähren, ihm so weit wie irgend möglich den Nachschub zu erschweren.

Die Alberich-Aktion war technisch sehr erfolgreich und sicherlich der Grund für das Scheitern der englischen und französischen Angriffe von 1917. Aber sie beschädigte noch stärker das Ansehen der Deutschen bei den Neutralen und steigerte die Entschlossenheit der Alliierten, mit den veritablen «Hunnen» abzurechnen. Bis heute sind in der Erinnerung der Franzosen die reihenweise umgelegten, gerade frisch erblühten Obstbäume an der Chaussee von Péronne ein Symbol für die deutsche «Barbarei» im Ersten Weltkrieg.

53. Wer waren «Kriegszitterer» und «Gueules cassées»? Mit diesen Begriffen werden psychische und körperliche Verwundungen charakterisiert, die symptomatisch sind für die qualitative und quantitative Zunahme der in diesem Krieg zum ersten Mal benutzen neuen Waffen und Techniken. Als «Kriegszitterer» wurden - nicht selten auch abschätzig - diejenigen Soldaten bezeichnet, die aus verschiedenen Gründen die Kontrolle über ihre «Nerven» verloren (so die damalige Vermutung), was aber in Wirklichkeit ein Kontrollverlust über die motorischen Kräfte des Körpers war. Der erlebte Schock drückte sich im Zittern einiger oder sogar aller Körperteile aus, durch Verlust des Gleichgewichtssinns, auch des Sprech-, Hör- und Riechvermögens. Grund hierfür war gemeinhin ein traumatisierendes Fronterlebnis. Sehr häufig war das «Zittern» die Folge einer Verschüttung des betroffenen Soldaten durch Minentreffer. Auch die Explosion einer Mine oder einer Granate in unmittelbarer Nähe konnte eine körperliche Erschütterung mit solchen Wirkungen zur Folge haben, weshalb in England Kriegszittern als «shell shock» bezeichnet wird. Weniger häufig war die Ursache für ein solches Verlieren der Nerven auch der Anblick von schwer Verwundeten, von durch Granatsplittern buchstäblich zerfetzten Kameraden.

Die schlimmsten Verletzungen waren das, was man heute international als «gueules cassées» (wörtlich: «zerschlagene Fressen») bezeichnet. Hierbei handelt es sich um schwere und schwerste Gesichtsverletzungen, die durch mehr oder weniger große Splitter der explodierenden Geschosse verursacht wurden. Solche Splitter konnten winzige, spitze und rasiermesserscharfe Metallteile sein, aber auch handgroße Stücke der Granate. Ein solches Stück Granate konnte einem Soldaten Kinn oder Nase wegreißen oder sogar das gesamte Gesicht.

Zur Behandlung dieser schweren Wunden wurde ein ganz neuer Zweig der Kriegschirurgie geschaffen, und die Soldaten wurden zu Experimentiermaterial. Manchmal waren zehn oder zwanzig Operationen erforderlich, um ein Gesichtsteil zumindest annähernd wiederherzustellen. Die Chirurgen waren sehr stolz auf ihre Erfindungskraft, in den Fachzeitschriften wurden die einzelnen Operationsschritte mit Fotos dokumentiert, und aus diesem Material bediente sich in den 1920er Jahren der Berliner Pazifist Ernst Friedrich für sein Aufsehen erregendes und immer noch aktuelles Buch «Krieg dem Kriege».

In Deutschland sind die schwerst kriegsverletzten Soldaten in Spezialkliniken untergebracht und weitgehend dem Blickfeld der Öffentlichkeit entzogen worden. In einigen Gemälden kriegskritischer Maler wie Otto Dix oder Max Beckmann werden sie zumindest angedeutet. In Frankreich wurden die am schlimmsten Verletzten, deren Anblick schlicht unerträglich war, ebenfalls aus der Öffentlichkeit entfernt. Allerdings waren diese «gueules cassées» hochgeachtet als lebendiger Beweis für die ungeheuerliche Härte des Leidens, die die Verteidigung des Vaterlandes erforderlich gemacht hatte. Die französischen Kriegsversehrten waren in gewisser Weise die Elite der Nation in Waffen geworden. Zur Wahrung ihrer Interessen gründeten sie noch während des Krieges den Verband «Association des Gueules Cassées» und gaben eine Lotterie heraus, deren Erträge ihrer Pflege zukommen sollten. Diese Lotterie gibt es in Frankreich noch heute.

54. Hatten die Soldaten auch mal Urlaub von der Front? Eines der knappsten Güter der Soldaten war der sog. Fronturlaub, auch Heimaturlaub genannt. Ein Recht auf Urlaub gab es in Kriegszeiten nicht. Als «Urlaub von der Front» konnten auch die Ruhephasen zwischen den Kämpfen in zurückgezogener Stellung oder der Etappe empfunden werden. Der Heimaturlaub der Soldaten war in das Belieben der Obersten Heeresleitung (OHL) gestellt. Diese legte periodisch fest, wie viele Mannschaftssoldaten einzelner Korps für einen Urlaub von einer, maximal zwei Wochen in die Heimat zurückfahren durften. Wichtiges Kriterium hierfür war die verfügbare Transportkapazität der aus der Etappe zurückfahrenden Züge. Genauere Vorgaben und die Auswahl der zu Beurlaubenden wurden auf Divisionsebene vorgenommen, wofür natürlich die Empfehlungen des Regimentsstabs, der sich wiederum auf die Kompanieführung stützte, wesentlich waren. Eine erste Verstetigung des Urlaubs erfolgte im Frühjahr 1915, als die OHL festlegte, dass regelmäßig zwischen drei bis sieben Prozent der Mannschaften gleichzeitig beurlaubt werden sollten. Als Grundregel wurde festgelegt, dass jeder Soldat mindestens einmal im Jahr Heimaturlaub erhalten sollte, mit der Begründung, dem im Verlauf des Krieges eingetretenen «außerordentlichen Geburtenrückgang» zu begegnen.

Geplante Großoffensiven kündigten sich im Allgemeinen durch eine Urlaubssperre am betroffenen Frontabschnitt an. Die große

Michaelsoffensive vom März 1918 wurde beispielsweise für die Soldaten dadurch «eingeläutet», dass ab dem 11. Februar auch bereits genehmigte Urlaubsgesuche gestrichen wurden - eine Sperre, die bis zum 1. Juni bestehen blieb.

Urlaubsgesuche von Landwirten, die etwa bei der Ernte unabkömmlich waren, wurden bevorzugt behandelt. Und da weit mehr als 80 % der Soldaten Bauern waren, geschah dies auch besonders häufig. Diese Art von Arbeitsurlaub war sowohl für die Familien als auch für die deutsche Lebensmittelversorgung von größter Wichtigkeit. Seit 1915 gab es eine gezielte Politik, die «den Urlaub im Feld- und Besatzungsheer zu einem Mittel der Sicherung des landwirtschaftlichen Arbeitskräftebedarfs» (B. Ziemann) machte. Im Januar 1916 wurde diese Abordnung zur Heimatarbeit durch ein einheitliches Antrags- und Bewilligungsverfahren geregelt. Der Antrag war von der Heimatgemeinde zu stellen, die diesen via Bezirksamt an das für den betreffenden Truppenteil zuständige Stellvertretende Generalkommando weiterleitete. Insgesamt erlaubte diese Regelung zwar eine bessere Einbringung der Ernte, als dies mit Zwangsarbeitern und Kriegsgefangenen möglich war, hatte aber indessen den Nachteil, dass die permanente Bevorzugung von Landwirten bei der Urlaubsregelung die aus städtischen Milieus stammenden Soldaten verbitterte, die, ob Intellektueller oder Arbeiter, oft bis zu 2 Jahre lang keinen Urlaub von der Front hatten.

So ersehnt der Urlaub war, so schwierig konnte die Situation für die Urlauber in der Heimat, auch in der eigenen Familie, werden. Immer wieder berichten Briefe und Erinnerungen von Soldaten über die sich trotz aller Wiedersehensfreude einschleichende tiefe Entfremdung. Wie sollte man der Familie berichten, was man «im Felde» erlebt hatte? Wie sollte man die nächtlichen Alpträume oder sogar Schreianfälle erklären? Dieses Entfremdungserlebnis gehörte auch zum Topos der «soldatischen» Erinnerungsliteratur, die fast stereotyp auf diesen Riss zwischen Heimat und Front hinwies. Auch wird immer wieder erzählt, wie froh man gewesen sei, endlich wieder zurück bei den Frontkameraden zu sein. Mythos und Wirklichkeit sind hier natürlich nicht genau zu trennen, schließlich betraf dieses Problem nicht weniger als insgesamt 13 Millionen deutsche Soldaten.

55. Haben sich die Soldaten auch geweigert zu kämpfen? Das größte Problem im Krieg ist das Aufrechterhalten der Kampfmoral der Soldaten. Obwohl der Kasernendrill die Soldaten dazu erziehen soll, selbst bei schwerstem Beschuss wie Automaten den Befehlen zu gehorchen, ist Kampfmoral nicht zu erlernen, sie muss durch immer neue Motivation hergestellt und aufrechterhalten werden. Das hat im Ersten Weltkrieg an erstaunlich vielen Fronten und lange Zeit auch sehr gut funktioniert. Die als Soldaten eingekleideten Zivilisten der europäischen Massenarmeen blieben vom Sinn ihres Auftrags überzeugt. Angesichts der vielen Millionen Kämpfer in oft unerträglichen Schlächtereien gab es erstaunlich wenige Kampfverweigerungen in den verschiedenen Formen: Desertion, Selbstverstümmelung bzw. Selbstmord, aber auch die sog. «Drückebergerei».

Im deutschen Heer blieben Ungehorsam und Desertion während der gesamten Kriegszeit extrem selten. Man geht von einer Maximalzahl von 100 000 Soldaten bei 13,2 Millionen Mobilisierten aus (C. Jahr). Erst ab dem Frühjahr 1918, als die Kraft der deutschen Armee wegen Versorgungs- und Nachschubproblemen immer weiter zurückging, nahmen die Verweigerungen aller Art zu. Dabei handelte es sich nicht um Meutereien, also offenen Aufstand von einzelnen Soldaten oder größeren Gruppen, sondern zumeist um einen «verdeckten Militärstreik» (W. Deist). Das bekannteste Beispiel ist die Verlangsamung der deutschen Vorwärtsbewegung während des Michael-Angriffes im März 1918, als vorgehende Truppen auf englische Vorratslager stießen und sich weigerten weiterzugehen, ohne die Bestände an Wein und Dosenfleisch verzehrt zu haben. Insgesamt gab es in der deutschen Armee ab Frühsommer 1918 ein zunehmendes «Dünnemachen» von Soldaten. Das bekannteste Ereignis war die Massenflucht in feindliche Gefangenschaft, die bei einem Vorstoß am 8. August 1918 erfolgte. An diesem «schwarzen Tag des deutschen Heeres» (Ludendorff) wurden mehr als 30 000 Mann als «vermisst» gemeldet, die sich in Wahrheit in alliierte Gefangenschaft begeben hatten. Die einzige offene Revolte von Soldaten blieb die berühmt gewordene Weigerung der Kieler Matrosen, Ende Oktober 1918 in eine sinnlos gewordene Seeschlacht auszurücken. Dies war der Beginn der «Deutschen Revolution» von 1918.

In der französischen und britischen Armee wurde auf Disziplin noch schärfer geachtet als in der deutschen. Hier war auch standrechtliches Erschießen wegen Befehlsverweigerung und Feigheit vor dem Feind an der Tagesordnung. Die größte und wichtigste kollektive Weigerung geschah im Frühjahr 1917 in der französischen Armee. Die Großoffensive von General Georges Nivelle am Chemin des Dames brachte der französischen Armee in wenigen Tagen mehr als 150 000 Mann Verluste. Daraufhin gab es in einigen Regimentern offene Befehlsverweigerungen, die sich innerhalb weniger Tage auf nahezu alle Divisionen ausdehnten. Die «mutineries» waren spontan und eine Weigerung der Soldaten, sich «nutzlos abschlachten» zu lassen. Die Behauptung der offiziellen Stellen, dass sie von «kommunistischen Elementen» angezettelt worden seien, ist von der Forschung widerlegt worden.

In der Zwischenkriegszeit ist von deutschen Historikern und Militärs beklagt worden, dass die deutsche Armeeführung die Meutereien der französischen Soldaten «verschlafen» habe. Dies war aber keineswegs der Fall. Die Oberste Heeresleitung war sehr wohl über die Tatsache informiert, dass es auf der Gegenseite riesige Meutereien gab. Man zog es aber vor, dies zu verschweigen und keinesfalls zum Anlass einer eigenen Großoffensive zu nehmen. Die Befürchtung war nämlich sehr groß, dass die deutschen Soldaten sich von diesen Meutereien würden «anstecken» lassen, wenn sie nur davon erführen.

56. Was waren die «Liebesgaben»? «Liebesgaben für den Schützengraben» – in diesem Reim versinnbildlicht sich die enge Beziehung, die zwischen Heimat und Front herrschte bzw. herrschen sollte. Die daheim Gebliebenen sollten ihren im Felde stehenden Männern, Söhnen und Brüdern zeigen, wie dankbar sie ihnen waren, dass sie im «Feindesland stehend» die Heimat vor Überfall und Zerstörung durch die böswilligen Nachbarn schützten.

Im August 1914, als die Soldaten auszogen, bestand die vielbesprochene «Begeisterung» zumeist darin, dass sie mit Blumen und Kränzen ausstaffiert wurden und Wein oder Selbstgebackenes zugesteckt bekamen. Aus diesen zunächst spontanen Gesten der Verbundenheit und Dankbarkeit entwickelte sich in kurzer Frist eine regelrechte «Industrie» der Liebesgaben für die Front. Vor allem die «Vaterländischen Frauenverbände» waren darauf spezialisiert, für die Frontsoldaten Socken, Handschuhe und Pullover zu stricken. Das gemeinsame Anfertigen von Kleidungsstücken, die gemeinsame Versendung der Gaben für die Front, das gemeinsame Schreiben von

Briefen an Soldaten wurden zu einer Haupttätigkeit der «vaterländisch» eingestellten weiblichen Bevölkerung. Pakete oder Briefe wurden an eine Kompanie geschickt und auch Dankesbriefe an persönlich gar nicht bekannte Soldaten. Es währte nicht lange, bis diese Tätigkeit auch kommerzialisiert wurde und auf «Liebesgaben» und deren Versendung spezialisierte Firmen auftraten, die gegen «gleich Bares» die Mühsal der Sammlung und Verschickung übernahmen. In dem Maße, wie der Krieg zum Alltag wurde, erlahmte allerdings die Liebesgabentätigkeit. Um 1916 hatten die meisten Deutschen andere und schwerere Sorgen, als Wäsche und Lebensmittel an die Front zu schicken. Und im «Steckrübenwinter» 1916/17 ging es der Heimat so schlecht, dass die Soldaten anfingen, ihrerseits «Liebesgaben» aus ihren knappen Vorräten an ihre Familien zu senden.

57. Wie viele Briefe wurden zwischen Front und Heimat gewechselt? Die Soldaten des Ersten Weltkrieges waren in erster Linie Wehrpflichtige, also in Uniform gesteckte Zivilisten, die alle nur zwei Jahre, eine für damalige Vorstellungen recht kurze Zeit, in den Kasernen verbracht hatten. Dementsprechend war die Verbindung zur Heimat sehr stark. Sie wurden 1914 aus den Fabriken und von den Feldern einberufen, fühlten sich aber gleichwohl noch in der Pflicht als Ehemänner oder Familienväter. Das Bedürfnis nach Kommunikation mit der Heimat war also riesig, was die Verantwortlichen auch genau wussten und in ihre Kriegsplanung mit einbeziehen mussten. Denn die «Moral» des Soldaten hing äußerst stark von dem Gefühl ab, «im Felde» nicht definitiv getrennt von den Lieben daheim zu sein. So wurden schon mit Beginn des Krieges sog. «Feldpoststellen» geschaffen, die im Laufe der Zeit zu einem regelrechten Verteilungssystem ausgebaut wurden. Um 1916 waren nicht weniger als 800 Feldpoststellen tätig, die durchschnittlich pro Tag (!) 8 Millionen einlaufende Briefe und Päckchen über die Divisionen und Regimentsstäbe bis hin zu den einzelnen Kompanien zu verteilen hatten. Für 1918 sind sogar 11 Millionen Sendungen pro Tag verzeichnet. Die Soldaten schickten ihrerseits kaum weniger Sendungen auf demselben Weg zurück in die Heimat. 1914 waren das bereits 6 Millionen pro Tag, später lag die Zahl dann bei 8 Millionen. Insgesamt haben die Feldpoststellen also täglich bis zu 19 Millionen Sendungen bearbeitet, wofür ca. 8000 Postbeamte zuständig waren, von denen ungefähr die Hälfte Militärs waren. Von diesen wiederum gehörte eine große Gruppe zu den Zensoren der soldatischen Briefe. Missliebige oder gar «defaitistische» Aussagen über den Krieg konnten Bestrafung zur Folge haben, hatten aber auf jeden Fall zur Konsequenz, dass die Sendungen nicht an die Adressaten weiterbefördert, sondern von den Zensurbehörden gesammelt und ausgewertet wurden, um sich ein Bild von der «Stimmung der Truppe» zu verschaffen.

Das wussten die Soldaten auch ganz genau, weshalb es schon bald klare Codierungen von Botschaften gab: Eine Aussage wie «uns geht es hier soweit noch gut» hieß beispielsweise im Klartext, dass die aktuelle Situation alles andere als angenehm war. Insgesamt ist aber in den soldatischen Briefen viel weniger die Rede vom erlebten Krieg als von den «kleinen» täglichen Problemen der Nahrungsbeschaffung. Außerdem war es normal, dass ein Ehemann oder Vater seiner Frau bzw. den Kindern auch aus dem Feld heraus noch Anweisungen über gute Haushaltsführung, Viehzucht und Benehmen in der Schule gab.

Die Briefe aus der Heimat, die sehr viel seltener erhalten sind als die von Soldaten geschickten Briefe, wurden ebenfalls zensiert, aber lange nicht so systematisch. Deshalb gelangten immer wieder sog. «Jammerbriefe» an die Soldaten, worin beispielsweise der Hunger des «Steckrübenwinters» von 1916/17 geschildert wurde. Vielfach ist nach dem Krieg behauptet worden, dass es diese Jammerbriefe gewesen seien, die zusammen mit kommunistischer Propaganda die Moral der Soldaten gebrochen hätten.

Als Mittel der Propaganda wurde bereits während des Krieges eine Vielzahl von «Sammlungen» mit Briefen von Soldaten veröffentlicht, welche die «Moral» an der «Heimatfront» stärken und zeigen sollten, dass die Soldaten unablässig und zutiefst überzeugt für die Verteidigung des Vaterlandes kämpften. Nicht immer wurden hierbei aber die Kriegserlebnisse verharmlost. So ist etwa die heute noch bekannteste Sammlung von Kriegsbriefen, Philip Witkops «Kriegsbriefe gefallener Studenten», die bereits 1916 erschien und bis 1933 immer neue und veränderte Auflagen erfuhr, alles andere als beschönigend gewesen.

58. Was war der «Steckrübenwinter»? Der Winter 1916/17 war außergewöhnlich kalt. Er wurde noch kälter dadurch, dass in Deutschland die Menschen immer weniger zu essen hatten und die bereits seit 1915 betriebene Rationierung von Lebensmitteln noch einmal verschärft wurde. Die Mehlration, die schon auf etwa 1,5 kg pro Woche und Person gesunken war, wurde erneut reduziert, Fett wurde nur noch mit 70 g/Woche/Person zugeteilt. Vor allem in den unteren Bevölkerungsschichten kam es zu massivem Hunger, und der durchschnittliche Kalorienwert lag kaum über 1000 Kalorien pro Tag, also bei der Hälfte des Mindestbedarfs.

Da die Weizen- und Kartoffelernte im Herbst 1916 sehr mager ausgefallen war, musste die Ernährung vielfach fast zur Gänze auf Kohlrüben bzw. «Steckrüben» umgestellt werden. Diese waren zwar recht nahrhaft, aber trotz der täglich in den Zeitungen publizierten Rezepte sehr fade.

Wie hatte es so weit kommen können? Man streitet unter Historikern noch heute darüber, ob für diesen Mangel eher die englische «Hungerblockade» oder aber das administrative Chaos bei der Verteilung der knappen Lebensmittel ausschlaggebend war. Vor allem bei der «Aufarbeitung» des Weltkriegs in den 1920er und 1930er Jahren wurde die völkerrechtswidrige Aushungerungspolitik der Engländer an den Pranger gestellt. Die englische Blockade der deutschen Seehäfen war in der Tat sehr wirksam. Sie bezog sich aber vorwiegend auf Rohstoffe und Halbfertigprodukte, nicht auf Nahrungsmittel. Diese konnten weiterhin in großer Menge aus den besetzten oder verbündeten Ländern Ost- und Mitteleuropas eingeführt werden. Das hauptsächliche Problem bestand darin, die Nahrungsmittel aus heimischer und ausländischer Produktion flächendeckend und gerecht zu verteilen. Die unflexible und unkoordinierte «Hochpreis»-Politik der Regierungen der deutschen Einzelstaaten führte beispielweise dazu, dass 1916 die Bauern ihr Getreide und die Kartoffeln viel lieber an ihre Schweine verfütterten, da für Fleisch bessere Preise zu erzielen waren. Auch wurden die Lebensmittel eher auf dem Schwarzmarkt verkauft als an den unter Höchstpreiszwang stehenden Einzelhandel. Das sog. «Hamstern» wurde auf diese Weise zu einer der hauptsächlichen Aktivitäten der Bevölkerung. Zwar waren Hamstern und Schwarzmarkthandel untersagt, doch die Not war so groß, dass Stadtgemeinden auch quasi offizielle Hamsterfahrten ihrer hungernden Bevölkerung auf das Land organisierten.

Dieses Chaos von Verantwortlichkeiten und nicht einhaltbaren Verordnungen sowie der tägliche Anblick einer grotesk ungerechten Verteilung der Lebensmittel schürten die soziale Unzufriedenheit.

Nicht von ungefähr kam es im Frühjahr 1917 vor allem in Deutschland zu massiven Streiks, die auch die Rüstungsproduktion betrafen. Die für den totalen Krieg so wichtige Moral der Zivilbevölkerung bröckelte zunehmend. Und die Frauen begannen, ihren Männern an der Front sog. «Jammerbriefe» zu schreiben, so dass die Soldaten vielfach das Gefühl bekamen, dass der Staat, für den sie ihr Leben riskierten, unfähig war, ihre Familien vor dem Hungertod zu bewahren. Immer häufiger wurden nun auch Lebensmittelpakete von der Front in die Heimat geschickt. Der «Steckrübenwinter» war ein entscheidender Schritt hin zur «Delegitimierung» des Staates und seiner Autorität.

59. Was hat sich durch den Krieg für die Frauen verändert? Lange hat man angenommen, dass die Emanzipation der Frauen durch den Ersten Weltkrieg entscheidend vorangetrieben worden sei, denn durch den massiven Einsatz für die Kriegsindustrie und die vielfältigen Tätigkeiten an der «Heimatfront» sei ihr Selbstbewusstsein auf Dauer erheblich gewachsen. Auch die Tatsache, dass sie wegen der Abwesenheit der Männer allein verantwortlich wurden für die Erziehung der Kinder, habe zu einem neuen Bild der Frau in der Gesellschaft geführt. Ergebnis dieses Prozesses sei dann schließlich das Wahlrecht für Frauen gewesen.

Ganz so gradlinig ist die Entwicklung allerdings nicht verlaufen. Zunächst aus dem Grund, dass damals soziale Schichtung eine viel größere Bedeutung hatte als «gender». Bürgerliche Frauen betrachteten den Krieg als patriotische Aufgabe und setzten sich individuell oder im Rahmen ihrer Vereine und Verbände für soziale Zwecke ein. Sie verstanden sich als «Mütter des Vaterlandes». Dabei kamen ihnen ohne weiteres auch Kontroll- und Steuerungsfunktionen zu, etwa beim Einsammeln von «Liebesgaben» für die Front, bei den Rohstoff-Sammelaktionen («Gold gab ich für Eisen») oder aber beim Einsatz als Hilfslehrerinnen anstelle der eingezogenen Lehrer. Die «Vaterländischen Frauenvereine» organisierten auch die sog. «Nagelungen» und andere patriotische Aktivitäten. Sie fanden sich mit den konfessionellen Frauenverbände im «Nationalen Frauendienst» zusammen, der die Auszahlung der Familienunterstützung und andere Zuteilungen der Kriegsfürsorge für die Mehrheit der mit solchen bürokratischen Dingen meist überforderten Frauen koordinierte.

Die Masse der Arbeiterfrauen war höchstens einmal Nutznießerin dieser Aktivitäten. Die Klassenschichtung war in Deutschland noch so ausgeprägt, dass es nicht einmal zu Versuchen kam, Arbeiterfrauen in den Wohlfahrts-Kriegspatriotismus einzubinden. Sie waren in der Kriegsgesellschaft eigentlich wenig mehr als billige Arbeitskräfte, die in dem Maße, wie ihre Männer zum Kriegsdienst eingezogen wurden, die leerstehenden Plätze in den Fabriken füllen mussten. Im Unterschied zu den qualifizierten Arbeitern, die im Krieg doch recht starke Lohnerhöhungen erkämpfen konnten, stellten die Arbeiterinnen eine industrielle Reservearmee mit immer mehr Pflichten und wenig Rechten dar. Ihre Löhne lagen weit unter denen der männlichen Beschäftigten. Mit dem schwer verdienten Geld konnte man ab 1916 auch nicht mehr für den Bedarf an Lebensmitteln aufkommen. Hauptaufgabe der meisten Frauen war es nunmehr, täglich stundenlang Schlange vor Geschäften zu stehen, in der vagen Hoffnung, noch etwas ergattern zu können. Ohnehin gab es für die Soldatenfrauen in Deutschland, bei denen der Arbeitslohn auf die Familienunterstützung angerechnet wurde, «nur eine geringe materielle Motivation, Lohnarbeit aufzunehmen» (U. Daniel).

In dem Maße, wie nach dem Waffenstillstand die Arbeiter wieder in die Fabriken strömten, verloren die Frauen ihren Arbeitsplatz auch wieder – wobei die meisten anstelle der karg entlohnten Fabrikfronarbeit die Aufgaben der Hausfrau und Mutter gerne wieder aufnahmen.

Einem Teil der Frauen gelang es, in die im Krieg neu entstandene Mittelschicht der Angestellten im öffentlichen und privaten Bereich aufzusteigen. Die bisher vor allem als Dienstboten fungierenden «Mädchen vom Lande» wurden durch den Krieg sowohl in die Industrie als auch in traditionell männliche Verwaltungsberufe geschwemmt. Während beispielsweise vor 1914 Büroarbeit fast ausschließlich Männern vorbehalten war, wurden hierfür nun zunehmend Frauen eingestellt, und dies ist seither so geblieben.

Nur indirekt hat der Krieg dafür gesorgt, dass in Deutschland das Frauenwahlrecht eingeführt wurde. Nicht das Deutschland im Krieg hat den Frauen diese – wichtige – Belohnung und Selbstbestätigung gebracht, sondern die demokratische Revolution von 1918/19.

60. Wie haben die Kinder den Krieg erlebt? Kindheit im Krieg ist ein neues Thema der Kriegsgeschichte, daher sind die Erkenntnisse noch recht vorläufig. In den kriegführenden Ländern wurden die Kinder auf ganz verschiedene Weise in den Kriegsalltag integriert. In Frankreich etwa wurden seit Beginn des Krieges alle Kinder nahezu systematisch für die nationale Verteidigung gegen die barbarischen Eindringlinge indoktriniert. Neben der traditionellen Vaterlandsliebe wurde der Hass auf den Feind bereits ab Herbst 1914 Stoff der Lese- und Rechenbücher. Anfang 1915 erging ein Rundschreiben des Unterrichtsministers an alle Lehrerinnen und Lehrer, ihren Unterrichtsstoff «kriegsgemäß» umzustellen. So wurde beispielsweise die Fabel vom Wolf und dem Lamm ausdrücklich auf den aktuellen Krieg übertragen. Sie sollte nunmehr «die Art und Weise zeigen, wie unsere Feinde den Krieg provoziert haben» (J.-J. Becker).

In Deutschland geschah genau das Gegenteil: Schulbehörden und andere Erziehungsinstitutionen waren bemüht, den Krieg nicht zu nahe an die Kinder herankommen zu lassen und jegliche «Brutalisierung» zu verhindern. Sicherlich wurden in den Schulen und Kirchen die Taten deutscher Soldaten verherrlicht, bei wirklichen oder vermeintlichen Schlachtensiegen läuteten die Glocken und es gab schulfrei (daran hat sich diese Generation später am meisten erinnert). Die Kinder konnten auch mit Bleisoldaten und nachgebildeten Krankenfahrzeugen, Flugzeugen usw. «Krieg spielen», aber es wurde kein Hass geschürt.

Auch für das Einsammeln von «Liebesgaben» für die Frontsoldaten, für das Aufsammeln von Eicheln und anderen essbaren Baum- und Feldfrüchten wurden die Kinder eingesetzt, und sie waren Hauptakteure der patriotischen «Nagelungen». Doch Hass auf den Feind wurde ihnen nicht vermittelt, sie bekamen lediglich zu hören, dass die deutschen Soldaten stets siegreich voranstürmten. Umso größer muss für die Kriegskindergeneration das Entsetzen gewesen sein, als es dann plötzlich hieß, der Krieg sei verloren und Deutschland schuldig. Über die Konsequenzen dieser tiefen Frustration einer ganzen Generation wissen wir noch wenig. Aber nicht von ungefähr waren viele ideologisch prominente Nazis nicht etwa Frontsoldaten, sondern deren Kinder, wie z. B. Adolf Eichmann, Werner Best und Reinhard Heydrich.

61. Warum wurden im deutschen Heer die Juden gezählt? In dem Maße, wie der Krieg in das Leben der Bevölkerung eingriff, verstärkte sich die Unzufriedenheit mit der immer chaotischeren Versorgung. Das hierfür zuständige «Kriegsamt» in Berlin kooperierte mit den örtlichen Produzenten, Grossisten und Kaufleuten und den von diesen gebildeten «Kriegsgesellschaften». In einigen sensiblen Bereichen, wie z. B. der Schlachtviehverteilung, waren das traditionell Juden. Recht schnell verlagerte sich die Unzufriedenheit der Bevölkerung mit dem nicht mehr durchschaubaren System von Requisitionen und Zuteilungen auf die Juden. Zudem wurde u. a. vom antisemitischen «Reichshammer» der Verdacht gestreut, dass unter den «Drückebergern», also den eigentlich kriegstauglichen, aber als «unabkömmlich» zurückgestellten Männern, überdurchschnittlich viele Juden seien. Zu dieser Kampagne gehörte auch eine parlamentarische Anfrage des Zentrums-Abgeordneten Matthias Erzberger nach der Stichhaltigkeit solcher Vorwürfe.

Am 11. Oktober 1916, kurz nachdem Paul von Hindenburg und Erich Ludendorff die Oberste Heeresleitung übernommen und das sog. «Hindenburgprogramm» zur Intensivierung der Waffenproduktion und des Fronteinsatzes lanciert hatten, gab das preußische Kriegsministerium einen Erlass zur Zählung der Juden im Heer mit der folgenden Begründung heraus: «Fortgesetzt laufen beim Kriegsministerium aus der Bevölkerung Klagen darüber ein, daß eine unverhältnismäßig große Anzahl wehrpflichtiger Angehöriger des israelitischen Glaubens vom Heeresdienst befreit sei oder sich von diesem unter allen nur möglichen Vorwürfen drücke. Auch soll es nach diesen Mitteilungen eine große Zahl im Heeresdienst stehender Juden verstanden haben, eine Verwendung außerhalb der vordersten Front, also in dem Etappen- und Heimatgebiet und in Beamten- und Schreiberstellen zu finden».

Diese Zählung wurde überall durchgeführt, je nach Laune und Einstellung der Kommandeure in mehr oder weniger herabsetzender Form. Für die jüdischen Soldaten bedeutete diese Stigmatisierung einen ungeheuren Schock. Der «Burgfrieden» von 1914 und die eigentlich problemlose Integration in die «Frontgemeinschaft» war für sie ein Zukunft verheißendes Symbol einer neuen Gemeinsamkeit gewesen. Sie hatten gelitten und waren gefallen genau wie die anderen Soldaten. Immer wieder wird in den Quellen berichtet, dass für die jüdischen Soldaten mit der Judenzählung eine Welt zusammenbrach.

Ein offizielles Ergebnis dieser Erhebung ist nie veröffentlicht worden, was den Antisemiten selbstverständlich als Beweis dafür diente, dass die Ergebnisse für die Juden so fürchterlich gewesen sein mussten, dass das Ministerium sich nicht traute, diese bekannt zu geben.

So wurde etwa in der weit verbreiteten Schrift von «Armin» «Die Juden im Heer» argumentiert. Jüdische Organisationen kämpften erbittert gegen diese Unterstellung. Sie zählten einfach die Namen der gefallenen jüdischen Soldaten in den offiziellen Statistiken und setzten sie in Relation zur Gesamtzahl der Kriegsteilnehmer jüdischer Konfession. Sie kamen zu dem – zutreffenden – Ergebnis, dass prozentual mindestens genauso viele jüdische Soldaten gefallen waren wie Angehörige der anderen Konfessionen. Doch blieb die Forderung nach Richtigstellung bzw. Veröffentlichung der tatsächlichen Ergebnisse der «Judenzählung» unbeantwortet. Auch kam es zu keiner weiteren Erklärung bzw. Entschuldigung für diese statistische Ungeheuerlichkeit. So konnte die Legende vom «jüdischen Drückeberger» bei den Antisemiten weiterwuchern, wie Hitlers «Mein Kampf» paradigmatisch zeigt. Das Gerücht vom «jüdischen Drückeberger» wurde auch ein wichtiger Bestandteil der «Dolchstoßlegende».

62. Was war der «Schwarze Tag» des deutschen Heeres? Erich Ludendorff, ab August 1916 zusammen mit Paul von Hindenburg Chef der 3. Obersten Heeresleitung, hat in seinen «Kriegserinnerungen» (1919) den 8. August 1918 als den «schwarzen Tag des deutschen Heeres» bezeichnet, als den entscheidenden Wendepunkt des Krieges. Die Tatsache, dass die Alliierten an diesem Tag nach einem Angriff in der Gegend von Amiens ca. 30 000 Kriegsgefangene meldeten, während die deutsche Heeresleitung ungefähr dieselbe Anzahl von Soldaten als «Verluste» registrierte, hat lange dazu geführt, dass der 8. August 1918 über Gebühr als «Einbruch» der deutschen Front dramatisiert worden ist. In Wirklichkeit hatte es schon seit dem Fehlschlag der Michael-Offensive und der nachfolgenden kleineren Offensiven bis Mai 1918 eine Art «verdeckten Soldatenstreik» (W. Deist) gegeben.

Die Auflösung der deutschen Armee im Laufe des zweiten Halbjahres 1918 geschah nicht in Form von dramatischen Aktionen, sondern war ein «schleichender» Prozess. Zwischen Juli und November 1918 entzogen sich insgesamt 340 000 deutsche Soldaten dem Fronteinsatz, indem sie sich in die Etappe «absetzten» oder zum Feind überliefen. Die vorgeblich «im Felde unbesiegte» Armee war einem enormen materiellen und moralischen Verschleiß- und Erschöpfungsprozess ausgesetzt. Spätestens ab Juli 1918, als die Alliierten massenhaft Panzer einsetzen konnten und die Deutschen über keinerlei adäquate Kampfmittel verfügten, wussten auch die Soldaten, dass dieser Krieg nicht mehr zu gewinnen war. Das deutsche Heer war im Herbst 1918 wirklich «am Ende», wie Hindenburg in seinen Memoiren lakonisch geurteilt hat. Für die Niederlage bedurfte es keines besonderen Ereignisses mehr, schon gar nicht einer verlorenen Schlacht. Bereits Ende Juli verfügten die Alliierten über 6,5 Millionen Soldaten an der Westfront, wohingegen die deutsche Heeresstärke trotz des Zuflusses von Soldaten der Ostfront seit dem Frieden von Brest-Litowsk mit Russland nur noch halb so groß war. Aber erst im Oktober beugte sich die Generalität der Einsicht, dass die Soldaten des Kampfes müde waren und tatsächlich seit langem begonnen hatten, sich zu Hunderttausenden auf vielfältige Art dem Frontdienst zu entziehen.

63. Was versteht man unter «Spanischer Grippe»? Im letzten Kriegsjahr wurde buchstäblich die ganze Welt von einer bis dahin unbekannten Epidemie befallen. Man nannte sie «Spanische Grippe», weil sie entweder in Spanien zuerst auftrat oder – so eine andere Forschermeinung –, allein in Spanien nicht beschwiegen wurde. Ansonsten wurde sie nämlich so sehr verschwiegen, dass sie heute zwar einigen Fachleuten bekannt ist, aber ihren Weg noch immer nicht in die Geschichte der Schlachten des Jahres 1918 und des Kriegsendes gefunden hat. Auch ist ihre Bedeutung für den Ausgang des Krieges noch vollständig unerforscht.

Der «3. Kriegsnachtrag» von Meyers Konversationslexikon aus dem Jahre 1920 vermerkt kurz, dass sich die Grippe, «die von Spanien ausging, über ganz Europa ausdehnte und, besonders im Juli und August bei den Deutschen, die Kampfkraft der Truppen durch Massenerkrankungen stark beeinträchtigte».

Heute weiß man, dass es sich bei dieser Grippewelle «um die wohl größte Pandemie des 20. Jahrhunderts» gehandelt hat (W. U. Eckart). Experten vermuten sogar, dass im Sommer weltweit mehr Menschen an dieser Grippe starben als an den Folgen des Krieges! In Berlin wurden die Schulen geschlossen und monatelang keine Post ausgetragen. Die riesige Stadt muss von der Grippe wie erstarrt gewesen sein.

Die Zahl der im deutschen Heer mehr oder minder schwer erkrankten Soldaten belief sich gemäß dem «Sanitätsbericht über das deutsche Heer im Weltkrieg» auf 708 306 Soldaten. Besonders betroffen waren auch die amerikanischen Truppentransporte nach

Europa, wo über 30 000 Soldaten an der Grippe gestorben sein sollen. Weltweit werden die Opfer der Spanischen Grippe auf unvorstellbare 35 Millionen geschätzt.

Von all dem ist auch in den neuesten Darstellungen des Ersten Weltkrieges nichts oder kaum etwas zu lesen. Dabei gibt es auch «alte» Quellen, die auf dieses Phänomen gebührend aufmerksam machen. Etwa Ernst Röhms Memoiren, wo der bekannte Jagdflieger des Krieges und spätere SA-Führer berichtet, dass er – obgleich eigentlich eine durch nichts zu erschütternde Landsknechtfigur – im Juli 1918 hilflos im Lazarett gelegen habe.

Es wäre also zu erforschen – was bislang noch nicht geschehen ist –, ob und wieweit die Spanische Grippe mitverantwortlich ist für den mit dem 15. Juli und der Großoffensive der Alliierten einsetzenden dramatischen Verlust an Kampfkraft der deutschen Armee. Man hat hier einen «verdeckten Streik» (W. Deist) der deutschen Soldaten namhaft gemacht, weil es seitdem zu einer enormen Zunahme an Gefangenen und Überläufern auf die alliierte Seite gab. Es bleibt indessen zu überprüfen, inwieweit die Grippe hierbei eine Rolle gespielt hat. Sicherlich waren auch die anderen Armeen von der Epidemie betroffen. Aber am schlimmsten mag die Krankheit dort gewütet haben, wo ohnehin Kriegsmüdigkeit und Apathie sich auszubreiten begannen.

Kultur

64. Was heißt eigentlich «Kriegskultur»? Während des Ersten Weltkriegs wurde häufig vom «Krieg der Kulturen» oder auch vom «Kulturkrieg» gesprochen. Man meinte damit die Auseinandersetzung zwischen westlicher «Zivilisation» und deutscher «Kultur» und sprach von den «Ideen von 1914». Das war ein Konglomerat von Uneigennützigkeit, Opferbereitschaft, Gemeinsinn, die vorgeblich «typisch deutsch» waren, gegen die als raffgierig-rationalistisch-kapitalistisch verstandene westliche Zivilisation. In diesem «Kulturkrieg» spielten Wissenschaftler und Intellektuelle auf beiden Seiten eine wichtige Rolle.

Dieser Aspekt des Krieges war seit den 1920er Jahren von der Kriegsschuldfrage und der Untersuchung der ökonomischen Kriegsziele der Mächte sowie der Schlachtengeschichte vollständig verschüttet worden. Er ist erst seit den 1980er Jahren und verstärkt in den letzten 20 Jahren ins Zentrum des historischen Interesses am Ersten Weltkrieg gerückt. Die Kriegserlebnisforschung hat sich allmählich auf die Frage zugespitzt, warum die Soldaten sich mehr als vier Jahre lang dem Massenschlachten ausgesetzt haben und wie es kommen konnte, dass die Bevölkerung der kriegführenden Staaten so lange alle Entbehrungen und Zerstörungen ausgehalten hat.

Als Erklärung hierfür haben Kulturhistoriker darauf hingewiesen, dass die Soldaten und Zivilisten glaubten, sich in einem «eschatologischen» Konflikt zwischen Gut und Böse zu befinden. Diese Grundüberzeugung habe die Denk-, Sprech- und Verhaltensformen zutiefst geprägt. Der daraus resultierende Hass gegen den zum Todfeind gewordenen Gegner habe die literarischen und künstlerischen Produktionen genauso bestimmt wie die private Korrespondenz und das Reden vom Krieg.

Gegen diese Auffassung, wie sie u. a. von G. Mosse, M. Eksteins, St. Audoin-Rouzeau und A. Becker vertreten worden ist, sind massive Einwände erhoben worden. N. Offenstadt, B. Ziemann u. a. haben auf die Steuerungsfunktion der Propaganda für die Massen verwiesen und darauf, dass die Soldaten nicht aus Überzeugung, sondern durch Zwang und Disziplinierung «bei der Stange gehalten» worden sind.

Dieser Streit der Historiker scheint von vielen Übertreibungen und Verallgemeinerungen bestimmt gewesen zu sein. Aktuell beginnt man zu erkennen, dass alle diese Faktoren eine je nach Land und Verhältnissen unterschiedliche Rolle gespielt haben. Diese notwendige «historistische» Relativierung darf aber nicht darüber hinwegtäuschen, dass dieser Krieg im Hinblick auf dauerhaften Hass, auf unbedingten und «totalen» Einsatz über Jahre hinweg an so vielen Fronten alles überstiegen hat, was die Menschheit bis dahin gekannt hatte. Es ist nicht abzustreiten, dass sich im Ersten Weltkrieg eine neue Kriegskultur ausgebildet hat – auch wenn man geneigt sein könnte, dieses Phänomen eher als Un-Kultur zu bezeichnen.

65. Was war der «Weihnachtsfrieden» von 1914? Seit einiger Zeit steht der «Weihnachtsfrieden» des Jahres 1914 in der Erzählung des «Fronterlebnisses» an vorderster Stelle. Dieser «Kleine Frieden im Großen Krieg» (so der Titel einer populären Darstellung von M. Jürgs) erschien wie eine Nische der Menschlichkeit und Kameradschaft über alle Schützengräben hinweg.

Tatsächlich war es an einigen Frontabschnitten der Westfront, dort, wo sich die gegnerischen Schützengräben bis auf wenige Meter gegenüberlagen, zu spontanen Solidarisierungen zwischen den feindlichen Truppen gekommen. Soldaten tauschten via Emissäre im Niemandsland kleine Geschenke aus, man trank auch ein Glas Rotwein zusammen, an einigen Frontstellen spielten deutsche und britische Soldaten Fußball. Auf diese Weise kamen die Kampfhandlungen über einige Tage hinweg «zum Erliegen».

Von solchen Ereignissen wurde auch in Schützengraben-Zeitungen berichtet, die sogar einige Male in die heimatliche Presse gelangten. Selbstverständlich war die Generalität mit dieser Art von Verbrüderung keineswegs einverstanden, und man ergriff Maßnahmen, um eine Wiederholung solch «unerhörter» Begebenheiten zu unterbinden. In den «gefährdeten Abschnitten» wurden besonders scharfe Teiloffensiven befohlen, und Weihnachten 1915 wurden extra Angriffe ausgeführt, um die Soldaten von erneuten Aktivitäten dieser Art abzuhalten. Das gelang auch vollständig, es sind bis 1918 keine weiteren Weihnachtsfrieden im Schützengrabenbereich überliefert.

Allerdings war die Verbrüderung zwischen feindlichen Soldaten zu Weihnachten 1914 nur eine besondere Variante eines Systems des «Live and let Live» (T. Ashworth) zwischen gegnerischen Soldaten. Denn auch in normalen Zeiten mit ausgedehnten Gefechtspausen kam es immer wieder zu vereinzelten Versuchen, sich mit dem Gegner so abzustimmen, dass die «Frontarbeit» weniger beschwerlich und tödlich war. Beispielsweise konnte durch Signale mit Flaggen angekündigt werden, dass für die nächsten Stunden keine Scharfschützen in Aktion treten würden. Aber auch das blieben Einzelfälle, die für den weithin von Fernbeschuss und «leerem Schlachtfeld» charakterisierten Krieg nur eine Ausnahme darstellten und Ausdruck einer romantischen Hoffnung auf mehr Menschlichkeit im industrialisierten Maschinen- und Vernichtungskrieg waren.

66. Mit welcher Nation war Gott? Der Krieg der Waffen wurde von Anfang an zum «Krieg der Kulturen» stilisiert und durchgehend von Intellektuellen, Künstlern und Priestern als »unser Heiliger Krieg» bezeichnet, so auch der Titel einer 1915 erschienenen Textsammlung. Dies gilt nicht nur für Deutschland, sondern auch für England und Frankreich, obgleich die französische Republik eigentlich strikt «laizistisch» bzw. sehr antiklerikal eingestellt war.

Je nach Überzeugung der jeweiligen Prediger, Dichter oder Schreiber konnte das »Gott mit uns» eine Behauptung oder eine Bitte sein, im Unterschied zur arroganten und blasphemischen Behauptung, dass Gott auf jeden Fall mit der eigenen Nation kämpfe.

In den Predigten der katholischen Priester - mehr als bei den protestantischen Pastoren - schwang diese Bitte um Gottes Hilfe vor allem zu Beginn des Krieges sehr stark mit. Auch im privaten Bereich konnte diese Widmung ein Wunschgebet sein: «Gott mit Dir», bestickte eine Mutter ein Necessaire, das sie ihrem Sohn an die Front schickte.

Allerdings war die trutzige Behauptung, dass Gott auf jeden Fall mit der eigenen Partei sei, im Ersten Weltkrieg dominierend. Das lag nicht zuletzt an der Tradition dieses Sinnspruchs, der schon in der Bibel auf den Kampf des Volkes Israel bezogen wurde (Judith 13,12). Im Dreißigjährigen Krieg war er als Schlachtruf bereits geläufig, und ab 1701 war «Gott mit uns» die Devise des preußischen Königtums. 1847 wurde dieser Spruch sogar auf die Koppelschlösser der Soldaten der preußischen Armee eingeprägt. Er blieb bis 1945 unverändert das Motto der deutschen Armee.

67. Was versteht man unter dem «Aufruf der 93»? Am 4. Oktober 1914 veröffentlichten 93 international renommierte deutsche Wissenschaftler, Künstler und Intellektuelle einen «Aufruf an die

Kulturwelt». Darin nahmen sie Stellung zu dem Vorwurf der alliierten Propaganda, dass sich die deutschen Truppen beim Durchmarsch durch Belgien und Nordfrankreich «wie die Hunnen» verhalten hätten. Im Stile der Lutherschen 95 Thesen wurde betont, dass all diese Berichte und Anklagen erlogen seien. Der Aufruf kulminierte in der Behauptung, dass gerade der von der alliierten Propaganda so sehr angeklagte Militarismus die deutsche Kultur erst ermöglicht habe: «Ohne den deutschen Militarismus wäre die deutsche Kultur längst vom Erdboden getilgt. Zu ihrem Schutz ist er aus ihr hervorgegangen in einem Lande, das Jahrhunderte lang von Raubzügen heimgesucht wurde wie kein zweites. Deutsches Heer und deutsches Volk sind eins. Dieses Bewusstsein verbrüdert heute 70 Millionen Deutsche ohne Unterschied der Bildung, des Standes und der Partei».

Heute weiß man, dass dieses Manifest Teil einer Propagandakampagne des Nachrichtenbüros des Reichsmarineamtes war, vom Schriftsteller Ludwig Fulda verfasst und an eine Vielzahl von Persönlichkeiten des wissenschaftlichen und intellektuellen Lebens zur Unterschrift versandt wurde. Viele haben tatsächlich unterschrieben, ohne genau gelesen oder die Folgen dieser Aktion bedacht zu haben. Zu den Unterzeichnern gehörten Max Planck, Adolf von Harnack, Gustav von Schmoller, Franz von Liszt und Max Liebermann. Einige haben dann auch ihre Unterschrift zurückgezogen, darunter Max Planck. Aber der publizierte Text wurde nie widerrufen. Er rief im Ausland ein ungeheures Echo hervor. Für viele Intellektuelle in den neutralen Ländern war er Anlass, sich von Deutschland abzuwenden, denn die deutschen Gräuel in Belgien und die Inbrandsetzung der Bibliothek von Löwen waren nicht zu leugnen. Für die alliierte Propaganda war und blieb der «Aufruf» Gold wert, hatten sich die deutschen Intellektuellen auf diese Weise doch offensichtlich selber zu den «Hunnentaten» der deutschen Militärs im Krieg bekannt.

Der Aufruf wurde in zehn Sprachen übersetzt und blieb bis Kriegsende ein wichtiges «Beweisstück» in den Anklagen gegen die Deutschen. Der französische Ministerpräsident Georges Clemenceau ist sogar so weit gegangen, den Aufruf der 93 als die größte Schandtat des gesamten Krieges zu bezeichnen. Im «Krieg der Geister» von 1914 bis 1918 spielte er auch insofern eine große Rolle, als eine Reihe ausländischer Universitäten jede weitere Zusammenarbeit mit deutschen Gelehrten ablehnten; Ehrendoktortitel und andere Auszeichnungen wurden widerrufen. Noch bis Mitte der 1920er Jahre blieb diese Kluft erhalten. Beispielsweise wurden deutsche Historiker erst 1925 wieder zum Internationalen Historikerkongress zugelassen.

68. Wer war für die Propaganda zuständig und was ist das BUFA? Anders als im Zweiten Weltkrieg war die Propaganda im Ersten Weltkrieg nicht von Anfang an in staatlicher Hand und wurde – im Gegensatz zur Zensur – auch nicht von staatlichen Stellen betrieben. Der Große Generalstab in Berlin, dessen Befugnisse im Krieg von der «Obersten Heeresleitung» übernommen wurden, hatte eine Presseabteilung unter Oberst Walther Nicolai, die Nachrichten streuen und auch propagandistisch aktiv werden konnte, ihre Pressepolitik jedoch ganz restriktiv betrieb. Im Oktober 1914 entstand eine «Zentralstelle für Auslandsdienst» beim Auswärtigen Amt, und im Oktober 1915 wurde das Kriegspresseamt errichtet. Aufgrund ihrer bürokratischen Struktur und autoritären Tradition waren alle diese Institutionen aber eher zu Zensur als zu Propaganda befähigt. Sie folgten meist der Devise, dass gerade im Kriege «Ruhe die erste Bürgerpflicht» sei. Diese Einstellung führte dazu, dass die deutsche Propaganda ganz blass und eher defensiv war. Das bekannteste Beispiel ist das Plakat «Sind wir die Barbaren?», auf welchem die Vorzüge des deutschen Kulturlebens und Bildungssystems mit belehrenden Worten geschildert werden. Auch die Anleiheplakate, die zum Teil eine beträchtliche künstlerische Qualität hatten, waren nicht geeignet, die Massen in Wallung zu bringen und den Durchhaltewillen zu stärken.

Ab September 1916 versuchte die 3. Oberste Heeresleitung unter Paul von Hindenburg und Erich Ludendorff, diese Situation zu verbessern. Das zeigte sich vor allem an dem sog. BUFA, dem «Bild- und Filmamt» des Heeres, welches im Januar 1917 im Zuge der Organisation des «vaterländischen Unterrichts» eingerichtet wurde. Das Amt hatte die Aufgabe, die staatliche Bild- und Filmpropaganda zu koordinieren und zu verbessern. Auch sollte das Amt «Frontpropaganda» betreiben, um die Soldaten zu motivieren und «bei Laune» zu halten. Zu diesem Zweck wurde die Einrichtung von Lichtspieltheatern im Etappenbereich und deren Versorgung mit Unterhaltungs- und Propagandafilmen vorangetrieben. Weiterhin sollte das BUFA deutsche Bild- und Filmproduktionen im neutralen Ausland verbreiten, um für die «deutsche Sache» zu werben. Als problematisch erwies sich von Anfang an, dass das BUFA organisatorisch sowohl der Obersten Heeresleitung als auch dem Auswärtigen Amt zugeordnet war. Das Auswärtige Amt hatte nämlich andere und gemäßigtere Vorstellungen von Propaganda und «Kriegserziehung» als die unter Ludendorff radikalisierte Oberste Heeresleitung. So wurde das Aktionsfeld des BUFA nie klar definiert, auch die von ihm vertriebenen Produkte schwankten zwischen Heroisierung und Banalisierung des Krieges. Der einzige heute noch aus dieser Produktion zur Verfügung stehende Film ist die BUFA-Produktion «Bei unseren Helden an der Somme» von 1917. Der Film wollte eine Antwort auf den gerade produzierten und weltweit vertriebenen englischen Film «Battle of the Somme» sein, der mit beeindruckender Realistik Leben, Leiden und Sterben der britischen Soldaten an der Somme dokumentierte. Leidende und sterbende deutsche Soldaten kamen aber für die BUFA-Produzenten nicht in Frage. Auch die erkennbar im Filmstudio gedrehten «Schlachtenszenen» haben schon zeitgenössische Beobachter eher amüsiert. Der Film wollte mit langen Zwischentiteln belegen, dass die deutschen Soldaten unermüdlich einen «Wall aus Eisen und Feuer» um Deutschland legten und sich prächtig mit der Zivilbevölkerung in den besetzten Ländern verstanden. Doch das hat niemanden beeindruckt. Um stärker auf die Bevölkerung einzuwirken als eine militärische Institution dies konnte, wurde die BUFA im Dezember 1917 unter Mitwirkung von Bankiers und Produzenten in die UFA umgewandelt, die «Universum Film AG», die ab den 1920er Jahren den deutschen Kinomarkt beherrschte.

Die Propaganda der Alliierten war ab August 1914 in einer Art Zusammenschluss von staatlichen und privaten Initiativen organisiert, sie zeigte mit den bis heute bekannten schreiend bunten Plakaten die Untaten der deutschen «Hunnen» und die Verdienste französischer und britischer Helden. In Frankreich wurden alle Aktivitäten in der «Maison de la Presse» zusammengefasst. Hier arbeiteten Künstler und Intellektuelle zusammen mit Journalisten und Beamten an einer effizienten und «flächendeckenden» Propaganda gegen den barbarischen «Boche». In Großbritannien gab das «War Propaganda Bureau» allein bis zum Juni 1915 über 2,5 Millionen Bücher, Regierungsproklamationen und Broschüren in 17 verschiedenen Sprachen heraus. Ähnlich agierte das «Committee on Public Information» der USA, das von Politikern geschaffen, aber von Journalisten geleitet wurde und sich darauf spezialisierte, kurze Kriegsvorträge berühmter Männer zu verbreiten.

Insgesamt erwies sich die Propaganda der westlichen Demokratien mit ihrer erprobten kämpferisch-polemischen Massenpresse als dem traditionalistischen System des Deutschen Reiches sehr stark überlegen.

69. Wer war für die Zensur verantwortlich? Wie «total» ein Krieg ist, erweist sich nicht zuletzt auch daran, ob und in welchem Maße Zensur ausgeübt wird. Der Erste Weltkrieg war ein regelrechtes Experimentierfeld der Zensur, er zeigte ihr Möglichkeiten totaler Kontrolle auf, war aber in deren Realisierung noch keineswegs vollkommen.

Zuständig für die Zensur waren die sog. « Stellvertretenden Generalkommandos», d. h. die Befehlshaber in den 24 «Armeekorps-Bezirken», in die das Deutsche Reich eingeteilt war. Mit der Verhängung des Kriegszustandes am 4. August 1914 ging die vollziehende Gewalt an diese regionalen Befehlshaber über. Sie konnten nach Belieben entscheiden, welche Informationen für die Mobilmachung und Kriegführung «gefährlich» oder inopportun waren. Hierbei kam es zu extremen Unterschieden in der Behandlung der Presse. Denn fast selbstverständlich wurden Äußerungen der Linken zensiert und die der militärfrommen Rechten zugelassen. Die Empörung über diesen Mangel an Überparteilichkeit drohte, den «Burgfrieden» zu gefährden, weshalb die Oberste Heeresleitung im Februar 1915 eine «Oberzensurstelle» einrichtete, um die Maßnahmen zu vereinheitlichen. Diese Institution wurde wenig später (Oktober 1915) als «Abteilung II» in das neu geschaffene «Kriegspresseamt» integriert. Gleichwohl blieben die einzelnen Zensurmaßnahmen für die Betroffenen (vor allem die Zeitungen) unergründlich bzw. willkürlich. Für die Zeitungen wurde die Situation dadurch noch unerträglicher, dass sie es auch unterlassen sollten, zensierte Artikel schlicht auszulassen, um durch die «blanken» Stellen in der Zeitung auf den Akt der Zensur hinzuweisen. So musste ständig um- und neu geschrieben werden, was zu Nichterscheinen und Verzögerungen führte. Im Zuge der Neuorganisation der gesamten Kriegsanstrengung durch die 3. Oberste Heeresleitung unter Paul von Hindenburg und Erich Ludendorff wurde ab Spätherbst 1916 auch die Zensur gestrafft. Im März 1917 erschien ein «Zensurbuch für die deutsche Presse», das in der Folgezeit laufend aktualisiert wurde. Dieses enthielt mehr als 2000 verschiedene Zensurbestimmungen.

Aber es gab eine riesige Lücke in der Zensur, nämlich die Tatsache, dass die Presse der neutralen Länder in Deutschland unzensiert verkauft werden durfte! Über die Schweizer Zeitungen konnten sich die Deutschen, besonders die Journalisten, jederzeit über abweichende Berichte beispielsweise von Schlachtenverläufen, Protesten und Streiks in Deutschland und im Ausland informieren.

In England gab es keine Zensur, aber die Selbstzensur der von den Propagandainstitutionen vernetzten Presse war ungeheuer groß, was ein sicheres Zeichen für die über Jahrhunderte gewachsene Solidarität im Dienste der Nation und des Empire ist. In Frankreich war die Auseinandersetzung zwischen den die Zensur ausübenden Militärs und der Presse besonders stark. Die gesamte Presse wurde unerbittlich, aber gleichmäßig zensiert, die von den Militärs kontrollierte Nachrichtenagentur Havas hatte allein das Recht, Meldungen von der Front zu verbreiten. Die Zivilgesellschaft protestierte auf ihre Weise: Zeitungen stellten entweder ihr Erscheinen ein, oder aber sie erschienen mit riesigen «weißen Stellen», manchmal ganzen unbedruckten Seiten, als permanenter Protest gegen die Zensur.

70. Warum sollten Schulkinder Bilder aus Nägeln anfertigen? Als Akt der Solidarität mit den Frontsoldaten wurde die Bevölkerung 1915 und 1916 aufgerufen, sich an sog. «Nagelungen» zu beteiligen. Hierfür konnten zu diesem Zweck geschmiedete Nägel aus Kupfer, Eisen sowie Messing zu je nach Materialwert gestaffelten Preisen gekauft werden. Diese Nägel wurden dann auf Holztafeln zu Bildern eingeschlagen. Ein beliebtes Motiv der Nagelungen war das «Eiserne Kreuz», aber auch spektakulärere Nagelungen wurden mit großem öffentlichen Zuspruch durchgeführt. Die berühmteste ist der «eiserne Hindenburg» in Hamburg, eine nicht weniger als 12 m hohe, gigantische Holzstatue des Kriegshelden Hindenburg. Diese wurde eingerüstet, und die Bevölkerung trieb die gekauften Nägel solange in das Holz ein, bis aus der Holzstatue eine glanzvolle Statue aus Metall geworden war.

In den Schulen wurden systematische Nagelungsaktionen durchgeführt, um Kinder und Jugendliche für den Krieg zu begeistern und zu engagieren. Die Erträge aus dem Verkauf der Nägel kamen den Kriegshinterbliebenen aus den jeweiligen Gemeinden zu Gute, Nagelungen waren also ein demonstrativer Akt der nationalen Solidarität. Es gibt auch Beispiele von Nagelungen, die die deutschen Soldaten in der Etappe durchführten, um das damit erzielte Geld in die Heimat zu schicken. Darunter befindet sich der heute im Pariser Musée de l'Armée ausgestellte genagelte Reichsadler mit einer Höhe von ca. 2 Metern.

Die Gewöhnung an den Krieg und das allgemeine Erlahmen des Kriegsenthusiasmus sind auch daran zu erkennen, dass bereits 1917 die Nagelungsaktionen weitestgehend wieder eingestellt werden mussten, weil niemand mehr Nägel kaufen wollte.

71. Was hat DADA mit dem Weltkrieg zu tun? Anfang 1916 gründeten deutsche Künstler und Schriftsteller, die aus Protest gegen den Krieg (und um sich dem Kriegsdienst zu entziehen) in die Schweiz emigriert waren, in Zürich das *Cabaret Voltaire*. Die bekanntesten Mitglieder dieser Gruppe waren Hugo Ball, Hans Arp, Richard Huelsenbeck und Tristan Tzara. Im Umkreis dieser Gruppe gab es einige spektakuläre Aktionen und Ausstellungen, in denen die groteske Seite eines nicht mehr mit normalen Worten und Begriffen zu beschreibenden Massenschlachtens thematisiert wurde. DADA steht im Grunde für die fassungslose Wortlosigkeit der Kunst angesichts der Ereignisse.

Der von DADA gesuchte und gefundene Ausweg war der schreiende Protest, die Überzeichnung der aus den Fugen geratenen Welt. Nach 1918 blieb DADA als prä-surrealistische Kunstrichtung aktiv. Man bemühte sich um einen authentischen Ausdruck für eine Welt in Scherben. Aber direkt politisch-militärische Themen wurden selten aufgegriffen, nur das Berliner DADA-Zentrum blieb weiterhin eine Art politische Protestzentrale. Eine aufsehenerregende Aktion der dortigen Dadaisten war etwa die «Erste Internationale DADA-Messe» von 1920. Zu den wichtigsten Aktivisten gehörten John Heartfield, Richard Huelsenbeck und George Grosz. Berühmt-berüchtigt geworden sind die Grosz'schen Spießbürger, deren heile und fette Welt im Kontrast zum «Abschaum» der Kriegsversehrten ätzend karikiert wurde.

DADA in Berlin liebte es auch, Skandale zu schaffen, indem beispielsweise ein Schwein mit Pickelhaube unter die Decke der Ausstellung von 1920 gehängt wurde oder ein «preußischer Erzengel» in Reichswehruniform mit Schweinekopf. «Es gehörte zu den besonderen Wirkungen der dadaistischen Bilder, Objekte und Aktionen, daß sie zur Wut und zum Lachen gleichermaßen herausforderten» (A. Jürgens-Kirchhoff).

72. Was heißt «In Stahlgewittern»? Die Frontsoldaten des Ersten Weltkriegs hatten spätestens seit den Großschlachten von Verdun und der Somme im Jahre 1916 das Gefühl, tatsächlich einem Gewitter aus Stahl ausgesetzt zu sein. Es «regnete» unablässig Granaten aller Kaliber auf sie herab, vor denen der (1916 eingeführte) Stahlhelm sowie die Unterstände und Schutzbunker an der Front nur provisorischen Schutz boten. Die heute noch berühmteste soldatische Erzählung des Ersten Weltkriegs, Ernst Jüngers Frontbericht, heißt deshalb nicht von ungefähr «In Stahlgewittern». Dieser Bericht «aus dem Tagebuch eines Stoßtruppführers» erschien im Selbstverlag zum ersten Mal 1920, das Buch wurde allerdings kaum verkauft, die Erstauflage ist heute praktisch unauffindbar. Erst 1924 wurde die Wiederauflage anlässlich des zehnjährigen Kriegsausbruchs ein Erfolg. Weitere Ausgaben von 1927, 1933 usw. machten das Buch zu einer der bekanntesten literarischen Darstellungen des Krieges aus «soldatischer» Perspektive. Jünger hat den Text immer wieder umgearbeitet. In den 1920er Jahren hat er das Frontgeschehen stilistisch dramatisiert und das Geräusch des Krieges noch einmal expressiv gesteigert. Auffallend und irritierend sind die Nonchalance bzw. Abgebrühtheit, mit der dort die scheußlichsten Erfahrungen in ebenso distanzierter wie heroischer Geste berichtet werden. Interessant ist, dass Jünger in der Zeit nach 1933 den Text weiter abänderte, diesmal aber kriegsverherrlichende Passagen milderte – offensichtlich ein Akt des stillen Widerstandes gegen den Militarismus des NS-Regimes.

Die «Stahlgewitter» sind durch die 2011 veröffentlichten Originaltagebücher klar als überaus «literarische» Umgestaltung des Kriegserlebnisses (aus der Sicht eines wagemutigen Frontoffiziers) zu erkennen. Im Tagebuch selber ist Jünger zwar auch todesverachtend und ein kühler Beobachter des Krieges, zeigt aber unerbittlich den täglichen Überlebenskampf, den riesigen Alkoholkonsum der Soldaten und fragt sogar einmal ausdrücklich: «Wann hat dieser Scheißkrieg endlich ein Ende?»

Ernst Jünger ist der einzige Autor des «soldatischen Nationalismus», der heute noch literarisch von Interesse ist. Aber in den 1920er und 1930er Jahren gab es einen Massenmarkt für «soldatische» Literatur. Die damals bekanntesten Autoren waren Franz Schauwecker und Werner Beumelburg, wobei Schauwecker durch seine extrem expressive Schilderung soldatischer Heldentaten und Verachtung für die Welt der Zivilisten auffiel. Exemplarisch ist sein Buch «Im Todesrachen» (1920) und der von ihm herausgegebene Bildband «So ist der Friede» (1928), eine illustrierte Anklage gegen den Verrat der Weimarer Republik am Heldentum der Soldaten des Weltkrieges.

Der meistgelesene «soldatische» Autor der 1920er und 1930er Jahre war Werner Beumelburg. Er war «Verdun-Kämpfer» gewesen und machte sich nach dem Krieg als Journalist einen Namen. Für seine präzisen, effektvollen und dramatischen Schlachtenschilderungen aus der Perspektive eines einfachen Soldaten nutzte er auch die Materialien des «Reichsarchivs». Seine «Gruppe Bosemüller» (1930) war explizit gegen Remarques «Im Westen nichts Neues» angeschrieben und schilderte eine Gruppe von Soldaten, die unter entsetzlichsten Bedingungen klaglos aushält, um Deutschland zu schützen. Das Buch wurde noch bis 1940 immer wieder neu aufgelegt und hat eine Millionenauflage gehabt.

Im Unterschied zu Beumelburg, der zwar «national» dachte, aber kein Extremist war, war Hans Zöberlein, der nach ihm wohl meistgelesene Autor der Rechten, ein überzeugter Nationalsozialist (der nach 1945 wegen schrecklicher Werwolfverbrechen zum Tode verurteilt wurde). Zöberlein inszenierte in seinen Romanen und Filmen (!) den «Befehl des Gewissens» (1927), wo der Kampf um Deutschland direkt überging in den Kampf gegen die «verjudete» und das Vermächtnis des Weltkriegs verratende Republik.

Ein Sonderfall in der «nationalen» Weltkrieg I-Literatur ist das Werk von Walter Flex. Dieser 1887 geborene Schriftsteller hatte ab 1914 als Kriegsfreiwilliger gedient und war «an allen Fronten» eingesetzt. In dieser Zeit «im Felde» betätigte er sich als lyrischer Autor, publizierte bereits 1914 einen Band «Volk in Eisen» und 1915 »Sonne und Schild» sowie «Vom Großen Abendmahl. Verse und Gedanken aus dem Feld». Mit seinem 1916 veröffentlichten Hauptwerk «Der Wanderer zwischen beiden Welten. Ein Kriegserlebnis» wurde er so bekannt, dass er vom Großen Generalstab nach Berlin beordert wurde, um dort an der offiziellen Geschichte der Schlachten mitzuarbeiten. Das Heft «Die russische Frühjahrsoffensive 1916» erschien 1917. Im Oktober desselben Jahres fiel Walter Flex an der Ostfront.

«Der Wanderer zwischen beiden Welten» erzählt die (leicht homoerotische) Freundschaft zweier junger Männer, von denen einer im Kriege fällt. Offensichtlich hatte Flex den «Geist der Zeit» getroffen:

Seine Protagonisten bewegten sich zwischen «Wandervogel»-Idee und Kriegsidealismus, was den Kriegs- und Nachkriegsgenerationen die ersehnte Sinngebung des Erlebten ermöglichte. Schon während des Krieges erzielte das Buch mehrere Auflagen im Beck-Verlag und wurde in den 1920er Jahren zum meistverkauften Weltkrieg I-Erlebnisbericht. Noch bis in die 1960er Jahre war es weit verbreitet, und insgesamt sind über eine Million Exemplare verkauft worden. Mit Remarques «Im Westen nichts Neues» und Richthofens «Der rote Kampfflieger» war es «der erfolgreichste und wohl auch einflussreichste Text über den Ersten Weltkrieg» (Th. F. Schneider).

73. Sind während des Krieges Kunstwerke als Siegesbeute weggebracht worden? Der Raub von Kunstgegenständen aus besiegten Ländern war eine im Zeitalter der absoluten Monarchien übliche Begleiterscheinung aller Kriege gewesen. Napoleon trieb dieses System auf die Spitze, indem er u. a. den Louvre mit Beutekunst aus Deutschland und Italien ausstattete. Allerdings holte sich Deutschland im Krieg von 1870/71 Teile dieser Beute wieder zurück.

In der Zweiten Haager Landkriegsordnung zur «Zivilisierung» des Krieges von 1907 wurde «jede Beschlagnahme, jede absichtliche Zerstörung und Beschädigung von geschichtlichen Denkmälern oder von Werken der Kunst und Wissenschaft» untersagt. Im Ersten Weltkrieg hielt man sich weitgehend an diese Maßgabe, zumindest sind keine nennenswerten Aktionen zur «Eroberung» von Kunst bekannt geworden. Trotzdem wurde den Deutschen von der alliierten Propaganda genau dieses Kriegsverbrechen vorgeworfen. In den Versailler Friedensvertrag von 1919 wurden die Artikel 238 und 245 aufgenommen, die Deutschland zur Rückgabe «weggeführter» Objekte und zur weitest möglichen Restituierung der in Belgien angerichteten kulturellen Schäden verpflichten. Dagegen haben sich die Deutschen lautstark gewehrt mit der Begründung, dass sie keineswegs Kunst erbeutet, sondern diese lediglich vor der Zerstörung durch die Alliierten bewahrt und in Sicherheit gebracht hätten.

Tatsächlich haben sich die Besatzungsverwaltung und auch die Truppe im Frontbereich oft bemüht, gefährdete Objekte aus dem Feuerbereich der feindlichen Artillerie zu bringen. Es gibt keine Anordnungen von höherer Stelle, die belegen könnten, dass dabei in Wirklichkeit ein Kunstraub geplant gewesen ist. Auch sind während des Krieges keine Kunstgegenstände in relevantem Umfang nach

Deutschland verbracht worden. Gleichwohl waren diese Aktivitäten nicht unbedingt selbstlos. Der deutsche «Kunstschutz» im besetzten Belgien diente in erster Linie der Registrierung der dort vorhandenen Kunstobjekte. Ein Wegbringen ins Deutsche Reich wurde als überflüssig empfunden, da Belgien ja ohnehin annektiert (Flandern) oder in deutscher Abhängigkeit gehalten werden sollte.

Für das französische Kriegsgebiet waren die Verhältnisse komplizierter. Kunstwerke aus durch Kriegseinwirkung beschädigten Kirchen wurden in unsystematischer Weise ins deutsche Metz verbracht. Sie sollten auch als Faustpfand bei einem eventuellen Friedensvertrag gelten. Es gab allerdings auch Planungen, die von Napoleon aus deutschen Museen geraubten Kunstwerke zu erfassen und nach Deutschland zurückzubringen. Die konkreten Maßnahmen für solche Planungen waren aber noch nicht systematisch und wurden überdeckt von den tatsächlich nur zum «Kunstschutz» aus dem direkten Zerstörungsgebiet weggebrachten Objekten. Trotz allen wissenschaftlichen Bemühens ist bislang keine schärfere Abgrenzung zwischen Schutz und Raub von Kultur im Ersten Weltkrieg möglich.

74. Was heißt «Im Westen nichts Neues»? In den täglichen Heeresberichten von der in den Schützengräben erstarrten Westfront hieß es 1916 immer häufiger «An der Westfront nichts Neues» oder abgekürzt: «Im Westen nichts Neues». Dort gab es in der Tat keine Bewegungen, aber der kontinuierliche Artilleriebeschuß kostete täglich Hunderten und Tausenden von Soldaten Leben oder Gesundheit.

Im Jahre 1929, inmitten der Erinnerungswelle an den Weltkrieg zehn Jahre nach dessen Ende, brachte der Schullehrer und Journalist Erich Remark, der seinen Namen in Erich Maria Remarque umgewandelt hatte, einen Frontroman heraus, der von einer kleinen Gruppe von Soldaten um den Protagonisten Paul Bäumer handelt. Remarque schildert in einfacher Sprache das tägliche Leben, Leiden und die abgrundtiefe Verzweiflung gerade da, wo es eben «nichts Neues», nichts Sensationelles zu vermelden gibt. Skandalträchtig war aber nicht nur diese von der Rechten als «defätistisch» empfundene Realitätsschilderung, sondern wohl noch mehr die Tatsache, dass Remarque das «Vermächtnis des Weltkrieges» radikal in Frage stellte: Denn das Buch wollte – so das Motto – «über eine Generation berichten (...), die vom Krieg zerstört wurde, auch wenn sie seinen Granaten entkam.»

Das Buch war ein Riesenerfolg. Innerhalb eines Jahres sollen mehr als 1 Million Exemplare verkauft worden sein. Dieser sensationelle Erfolg beunruhigte die Rechte selbstverständlich zutiefst. Vor allem die seit den Wahlen von 1928 im Aufwind stehenden Nationalsozialisten machten aus Remarque die Zielscheibe ihrer Kritik und Aktionen. Es kam sogar zu Massendemonstrationen gegen den Film und schließlich zu einem Ende 1930 (!) erlassenen Aufführungsverbot wegen «sittlicher Gefährdung». 1933 wurde selbstverständlich auch dieses Buch verbrannt und Remarque in die Emigration gezwungen.

Heute ist «Im Westen nichts Neues» – übersetzt in mehr als 50 Sprachen mit einer geschätzten Gesamtauflage von 40 Millionen Exemplaren – «als einer der bedeutendsten kriegskritischen literarischen Texte zum Ersten Weltkrieg» (Th. F. Schneider) anerkannt.

Neben Remarque gab es natürlich noch weitere Schriftsteller, die das Erlebnis der Soldaten kriegskritisch weitererzählen wollten. Diese Namen sind heute weithin vergessen, mit Ausnahme von Arnold Zweigs Roman «Der Streit um den Sergeanten Grischa», der 1928 erschien und im Sog von Remarque eine Auflage von 300 000 Exemplaren hatte. Zweigs «Erziehung vor Verdun» ist 1935 im palästinensischen Exil geschrieben und erst in den 1960er Jahren auch durch eine DDR-Verfilmung wirklich bekannt geworden. Ebenfalls Erfolgsautor auf der kriegskritischen Seite war Edlef Köppen, dessen «Heeresbericht» 1930 erschien, im Rahmen der Remarque-Welle große Aufmerksamkeit erfuhr und sogar als Hörspiel gesendet wurde. Zu den Erfolgsautoren gehörte auch Ludwig Renn mit seinem Buch *Krieg* von 1930. Last but not least zu nennen ist Alexander Moritz Frey, dessen «Die Pflasterkästen. Ein Feldsanitätsroman» 1929 erschien, von der Kritik hoch geschätzt und viel verkauft wurde, aber heute kaum noch bekannt ist. Denn die Nationalsozialisten, die Frey bereits im März 1933 in die Schweizer Emigration zwangen, haben regelrecht Jagd auf das Buch gemacht. Hitler hatte nämlich in derselben Kompanie des «Regiment List» gedient wie Frey und wurde in diesem entsetzlich realistischen Bericht aus der Perspektive eines Sanitätsunteroffiziers unter Tarnnamen karikiert, was damals weithin bekannt war. Die Nationalsozialisten wollten das Buch deshalb unbedingt vernichtet und vergessen sehen – was ihnen weitgehend gelungen ist.

75. Was haben die Fotografen und Kriegsmaler vom Krieg gezeigt? Der Erste Weltkrieg war auch der erste medialisierte Krieg, und die um 1914 zum Standard entwickelte Fotografie war unter den Frontsoldaten weit verbreitet. Es gab bereits Rollbild-Kleinkameras wie die Kodak *Vest Pocket*, die insbesondere von den amerikanischen und britischen Soldaten genutzt wurden. Neben professionellen Fotografen im Heeresdienst, die mit der Versorgung der heimischen illustrierten Zeitschriften und den in rascher Folge entstehenden Bildchroniken des Krieges betraut waren, prägten diese Millionen Amateurfotografen das Bild des Krieges und vielfach auch die Erinnerung an den Krieg. Selbstverständlich wurden auch die Fotografien der militärischen Zensur unterworfen. So war es den deutschen Soldaten nicht erlaubt, zu grausame Bilder in die Heimat zu senden oder Bilder, in denen die Stellungen zu genau einsehbar waren oder welche Informationen über Regimentszugehörigkeit und ähnlich «feindrelevante» Informationen vermitteln konnten. Auch durften keine Bilder von gefallenen deutschen Soldaten verbreitet werden, auf den als «realistisch» publizierten Bildern waren stets nur gefallene Feinde zu sehen.

Dies war in Frankreich und England anders, wo die Zensoren mehrheitlich der Auffassung waren, dass auch das Leiden und Sterben der eigenen Truppen gezeigt werden sollte, um die Sensibilität der Heimat für das Frontgeschehen und die Solidarität mit den kämpfenden Soldaten zu verstärken. Diese Denkweise war dem «totalen Krieg» sicherlich eher angemessen als die überaus betuliche Haltung der deutschen Zensoren, die das heimatliche Publikum mit den grausigen Realitäten des Krieges möglichst verschonen wollten.

Besonders gerne fotografierten die Soldaten die Landschaft und Besonderheiten der Etappenorte, etwa die in der Bürgermeisterei eingerichtete Regimentsbibliothek oder das Soldatenkino. Sehr geläufig sind auch Fraternisierungsszenen mit der einheimischen Bevölkerung im Etappengebiet. Solche Bilder hatten sowohl Erinnerungs- als auch Propagandafunktion und wurden *en masse* verbreitet, etwa in dem von einem Regimentsstab gefertigten Bildband «Zwischen Arras und Péronne» aus dem Jahre 1917. Auch Bilder der Zerstörungen sind ausgesprochen zahlreich. Einerseits sollten sie die Monumentalität des Erlebten festhalten, andererseits aber auch dokumentieren, was der Gegner zerstört hatte. Deshalb finden sich in den publizierten Fotosammlungen auch «Vorher-nachher»-Bilder, beispielsweise eine Ortschaft vor und nach der Beschießung «durch die Engländer».

Insgesamt hat die Fotografie im Ersten Weltkrieg die traditionelle Schlachtenmalerei als Dokumentation ersetzt. Allerdings hörten die privaten und offiziellen «Kriegsmaler» nicht auf zu existieren, sondern verlegten ihr Betätigungsfeld in die Intensität des (mehr oder weniger gut) gemalten Details des Krieges. So konnte ein «Sonnenaufgang im Niemandsland» mit fotografischen Mitteln noch nicht, mit dem Pinsel aber sehr wohl festgehalten werden. Zumeist bemühte sich die Kriegsmalerei um Romantisierung und Heroisierung des Krieges: der individuelle Tod, der Kavallerieangriff und imaginierte Schlachtenszenen. Porträts einzelner hoher Offiziere oder «Helden» gaben dem Krieg eine zumeist beschönigende Dimension. Das gilt natürlich nicht für die uns heute noch so stark beeindruckende Kriegsmalerei eines Christopher Nevinson oder Otto Dix.

76. Konnte man den Krieg im Kino anschauen? Das Kino war schon 1914 das wichtigste Medium der Massenunterhaltung. Allein in Berlin gab es mehr als 200 Filmtheater mit einer Kapazität von 120 000 Plätzen. Das Publikum stammte mehrheitlich aus der Arbeiterschicht, die bürgerlichen Schichten zogen noch das Theater vor.

Selbstverständlich wurde dieses Medium von Kriegsbeginn an genutzt, um die Verbindung zwischen Front und Heimat zu stärken. Wichtig war vor allem, die Bevölkerung, so weit es opportun erschien, auch mit «bewegten Bildern» über das Kriegsgeschehen zu informieren und den Elan des «August 14» aufrechtzuerhalten. Allerdings erlaubte es die damalige Kameratechnik noch nicht, das Frontgeschehen aus der Nähe aufzunehmen. Der Fotograf mit seinem riesigen und umständlich zu manipulierenden Apparat wäre rasch Opfer der Scharfschützen des Gegners geworden. Man behalf sich mit (teilweise sehr informativen) Bildern aus dem Etappenleben und nutzte für «Frontszenen» Ablichtungen aus Manövern oder heimatlichen Filmstudios: Die wichtigsten Beispiele solcher Frontfilme waren «Mit der Armee des Kronprinzen vor Verdun» und dem heute als einzigen dieser Filme noch auf dem Markt befindlichen «Bei unseren Helden an der Somme» (1917). Letzterer sollte ein Gegengewicht zu dem überwältigenden englischen Film «Battle of the Somme» bilden, welcher an Realistik und Tiefenschärfe der Schilderung damals wegweisend war und heute noch das wichtigste Filmdokument jener Zeit ist.

Auch Werbefilme für Kriegsanleihen wurden mit unterschiedlichem Resultat lanciert. Besonders bekannt wurde «Hann, Hein und Henny», der 1917 mit dem großen Star Henny Porten für die siebte Kriegsanleihe warb.

Den größten Erfolg hatten aber nicht die Dokumentarfilme, sondern Spielfilme, in denen der Krieg eine oft nur untergeordnete Rolle spielte. Beispiele hierfür sind «Weihnachtsglocken 1914» unter der Regie von Franz Hofer und «Wie Max sich das Eiserne Kreuz erwarb» (1914). In dem Maße, wie der Krieg sich verlängerte und die Menschen beanspruchte, verschwand der Spielfilm allerdings aus den Kinos, da er nicht mehr deren Hauptzweck diente, nämlich der Ablenkung von der traurigen Wirklichkeit.

Die Soldaten hatten in den Etappenorten vielfach Zugang zu «Soldatenkinos» oder «Fronttheatern», in denen sie ebenfalls eher «leichte Kost» geboten bekamen. Die nachgestellten Szenen aus «Meesters Wochenschau» erregten Abwehr, Gelächter und Protest. Auch bemühte sich die Oberste Heeresleitung ab Ende 1917, Spielfilme zum «vaterländischen Unterricht» zu nutzen. Doch das hierfür gegründete staatliche «Bild- und Filmamt» scheiterte kläglich am Desinteresse des Publikums. Noch während des Krieges wurde aus dieser Institution übrigens die UFA!

77. Durften die Soldaten ins Theater gehen? Vor dem Krieg gab es nur wenige Planungen für die «Freizeit» der Soldaten, weil man mit einem kurzen Krieg rechnete. In dem Maße, wie sich der Krieg aber verlängerte, wuchs auch das «kulturelle Angebot» für die Soldaten. Einerseits wurden von den Militärbehörden Kino- und Theatervorführungen im Etappengebiet organisiert, anderseits gab es spontane Bewegungen der Soldaten, um sich den «Frontalltag» durch eigene, auf der Ebene der Kompanie oder der Regimenter gebildete Theatergruppen zu verkürzen. Die wichtigsten Initiativen kamen von eingezogenen Theaterleuten, die mit Beginn des Stellungskrieges aus der Front heraus kulturelle Veranstaltungen generierten. In der Etappe konnten auch aus dem Reichsgebiet hergerufene Theatergruppen und Einzelkünstler auftreten. Die Haltung der militärischen Führung zu diesen Entwicklungen war höchst ambivalent. Solche Aktivitäten wurden oft als ordnungswidrig eingeschätzt, zumal die spontane Inszenierung von Fronterlebnissen, Heimweh und Friedenssehnsucht doch leicht einen «defätistischen» Charakter annehmen konnte. Daher kam es ab 1916 zu verstärkten Bemühungen, Theaterspiel auch zum Bestandteil der offiziellen Kriegskultur zu machen. Das begann mit dem Ende 1915 im besetzten Lille von deutschen Truppen erbauten «Deutschen Theater», in welchem die Errungenschaften der «deutschen Kultur» sowohl für die Bewohner des besetzten Gebietes als auch für die Soldaten in Ruhestellung «aufgeführt» werden sollten. Auch an der Ostfront wurden im Gebiet von «Oberost» in Wilna und Kowno «Deutsche Theater» von den Militärbehörden bzw. von Privatleuten mit Genehmigung der Militärs errichtet. Allerdings konnten diese offiziellen Kulturveranstaltungen weder die Soldaten noch die einheimische Bevölkerung überzeugen, der dahinter liegende Herrschaftsanspruch war zu offensichtlich, und der offizielle Charakter generierte zudem Langeweile.

Knapp 110 Theatergruppen befanden sich auf deutscher Seite im Dienst militärischer Einheiten. Insgesamt gab es 760 Spielstätten, 560 davon an der Westfront.

Während im deutschen Heer die Äußerungen des soldatischen «Amüsiertheaters» im Frontbereich mit Aufmerksamkeit und Unruhe angesehen wurden und die Behörden versuchten, dieses durch eher «kulturfromme» Bildungsveranstaltungen zu ersetzen, wurde den französischen Soldaten mehr Freiheit gewährt. Das «Théâtre aux Armées», das als Akt der nationalen Solidarität von namhaften Künstlern und Theaterorganisationen gemeinsam mit den Militärs ab 1916 funktionierte, war ein riesiger Erfolg, weil es die Schöpfungen der spontan entstandenen soldatischen Theatergruppen («Théâtre au Front») in sein Repertoire mit aufnahm. Im «Théâtre aux Armées» sind 1000 Veranstaltungen mit ca. 2 Millionen Besuchern abgehalten worden, wobei die Aktivitäten des soldatischen «Théâtre au Front» auf ca. 6000 Veranstaltungen mit mehr als 4 Millionen Besuchern geschätzt werden.

Die britischen Truppen verzichteten nahezu ganz auf eine Steuerung von außen, die einzelnen Divisionen hatten alle ihre eigene Theatergruppe, die den entsprechenden Abschnitt der Front bereiste und aus Soldaten bestand, die neben ihren normalen Dienstpflichten Theater spielten.

Insgesamt lässt sich also feststellen, dass im Kriegstheater die ganz unterschiedlichen nationalen Traditionen zum Ausdruck kamen. Die Demokratien überließen die Soldaten eher ihren eigenen Initiativen, denn sie hatten mehr Zutrauen in den «Bürger in Uniform» als dies im halbabsolutistischen Deutschland der Fall war.

Technik und Wirtschaft

78. Welche war die wichtigste Waffe des Weltkrieges? Der Erste Weltkrieg hat eine Revolution in der Waffentechnik bewirkt, da die kriegführenden industrialisierten Nationen sehr rasch dazu übergehen mussten, immer mehr und immer neue Waffen zu erfinden und zu produzieren.

Zu Kriegsbeginn 1914 war die hauptsächliche Waffe das Gewehr, das Infanterie-Gewehr M 98, das Maschinengewehr Maxim MG 08 und eine Vielzahl von mehr oder weniger großkalibrigen Geschützen. Im Laufe der vier Kriegsjahre kamen andere, z. T. vor 1914 noch ganz unbekannte Waffen hinzu, vor allem das Gas, der Panzer («Tank») und das Flugzeug, welches zu Anfang des Krieges nur der Beobachtung des Feindes diente, aber ab 1916 auch zum Abwurf von Fliegerbomben genutzt wurde.

Trotz solcher bahnbrechenden Neuerungen blieb während des gesamten Krieges die Artillerie die Hauptwaffe. Bei Kriegsausbruch besaß das deutsche Heer neben 6326 leichten Geschützen 1144 schwere bewegliche Geschütze. Dazu kamen noch 1244 schwere und schwerste Geschütze. Ihre Verbreitung und Wirksamkeit nahm während des Krieges gewaltig zu. Die Zahl der leichten Geschütze wurde nahezu verdoppelt, die der schweren sogar verdreifacht. Um ein Beispiel zu geben: Im Februar 1916, zu Beginn des Angriffes auf Verdun, wurde einen Tag lang ein «Vorbereitungsfeuer» aus 1300 Geschützen durchgeführt. Dieses glich einem riesigen Feuerorkan, der die Phantasie der Zeitgenossen enorm beflügelt hat. 1917 und 1918 aber, bei den verschiedenen Großoffensiven der Alliierten und Deutschen an der Somme und in Flandern, wurden für die «artilleristische Vorbereitung» der Infanterieangriffe ohne weiteres 3000 Geschütze schwerer und schwerster Kaliber verwandt, wobei auch die Sprengwirkung der Granaten immer weiter verstärkt wurde. Schließlich gingen regelrechte «Stahlgewitter» über den gegnerischen Unterständen nieder.

Im Laufe des Krieges wurden für die deutsche Artillerie mehr als 200 verschiedene Geschossarten hergestellt, von denen 170 überhaupt erst während des Krieges erfunden wurden! Die aus den Erfahrungen des Stellungskriegs produzierten Geschosse waren vor allem Gasgranaten, Flak- und Tankabwehrmunition. Dazu kam noch Vernebelungs- und Leuchtspurmunition. Im Jahre 1918 wurden pro Monat ca. 11 Millionen Artilleriegeschosse verbraucht, dies entsprach ziemlich genau der Menge, die Deutschland bei Kriegsausbruch 1914 insgesamt besessen hatte!

Tatsächlich blieb die Artillerie die alles beherrschende operative und strategische Waffe des Ersten Weltkrieges. Man schätzt die durch Artilleriebeschuss getöteten und verwundeten Soldaten auf nahezu drei Fünftel der Gesamtzahl an «Verlusten».

79. Wieso wurde der Panzer «Tank» genannt? Panzer hat es vor dem Ersten Weltkrieg nicht gegeben, nur erste Versuche mit kettengetriebenen Versorgungsfahrzeugen. Erst durch die Erfahrung des durch Granateinschläge völlig verwüsteten Geländes und die Einsicht in die Unmöglichkeit, mit einem Infanterieangriff gut befestigte Schützengrabenstellungen einzunehmen, wurde diese Waffe entwickelt.

Die Engländer fingen als erste an, mit gepanzerten Fahrzeugen zu experimentieren, und im September 1915 war ein Prototyp namens «Little Willie» fertig gestellt. Weil dieser aussah wie ein riesiger Wassertank, wurde er unter dem Tarnnamen «Tank» geführt. Ab Anfang 1916 wurden solche «Tanks» dann unter der Bezeichnung «Mark I» in Serie produziert. Sie waren entweder mit Kanonen oder MG ausgerüstet und wogen 28 Tonnen. Im Laufe der nächsten Jahre wurden weitere Modelle (Mark II bis Mark IV) entwickelt. Hinzu kam ein leichteres Gefährt (Mark A), das nur 14 Tonnen wog und mit mehreren Maschinengewehren ausgerüstet werden konnte.

Auch die Franzosen fingen 1916 an, «Tanks» zu produzieren, zunächst aber mit wenig Erfolg. Überhaupt dauerte es lange, bevor die Panzer taktisch und operativ Wirkung zeigten. Der erste Einsatz englischer Tanks bei Flers an der Somme (15.9.1916) war ein arger Reinfall. Die Gefährte blieben stecken und wurden leichte Beute der deutschen Handgranaten. Wegen dieser Anfangsprobleme der Engländer unterschätzte die deutsche Oberste Heeresleitung wohl die Möglichkeiten dieser neuen Waffe; sie war zu diesem Zeitpunkt auch vor allem an der Entwicklung des U-Bootes interessiert und wollte keine industriellen Kapazitäten für diese Waffe freimachen. Erich Ludendorff war (noch nach dem Kriege!) der Auffassung, dass Tanks überhaupt nur nützlich seien, wenn die «Nerven» der Verteidiger versagten, da diese Ungetüme ja leicht kampfunfähig gemacht werden könnten...

Das war ein kriegsentscheidender Irrtum. Die Engländer überwanden die Anfangsschwierigkeiten, in der «Tankschlacht» von Cambrai am 20. November 1917 hatten sie erste operative Erfolge und beeindruckten die deutschen Soldaten ungemein. Aber auch jetzt blieb die Oberste Heeresleitung halbherzig. Die Versuchsmodelle deutscher Panzer (A7V), von denen ab 1918 insgesamt 20 Stück gebaut wurden, wirkten wie bewegungsunfähige Dinosaurier und hatten keinerlei Kampfwert. Anders die Franzosen und Briten, die ihre Tanks kontinuierlich weiterentwickelten. Der wichtigste Panzer, der bei den alliierten Offensiven im Sommer 1918 ausschlaggebend wurde, war der kleine französische Renault-Panzer, der gar nicht mehr aussah wie ein riesiger Wassertank. Er wog nur knapp 7 Tonnen, war mit einer leichten Kanone vom Kaliber 3,7 und Maschinengewehren ausgerüstet, enorm beweglich und vor allem in großen Stückzahlen präsent. Nahezu 3200 Panzer dieses Typs wurden gebaut und ab Juli 1918 eingesetzt. Durch diese Tanks, die die deutschen Soldaten regelrecht schockierten, gelangen die strategisch entscheidenden Durchbrüche bei Soissons (18.7.18) und Amiens (8.8.18). Letzteres Ereignis hat Ludendorff in seinen Erinnerungen als den «schwarzen Tag des deutschen Heeres» bezeichnet, weil sich mehr als 30 000 Soldaten an einzigem Tag lieber in Gefangenschaft begaben, als gegen diese für sie unbezwingbare Waffe zu kämpfen.

Es ist eine Ironie der Geschichte, dass die Franzosen nach 1918 den Bewegungskrieg und damit den Tank vergaßen (trotz der wiederholten Warnungen des Oberst i. G. Charles de Gaulle), während die Deutschen aus diesem Misserfolg ungemein viel für ihren Feldzug von 1940 lernten.

80. Was war der Minenkrieg? Das Wort «Mine» hat eine sehr vielfältige Bedeutung. Man spricht von Erzminen, von Goldminen oder einfach nur von der «Mine». Auch gibt es das Verb «minieren», d. h. das Graben unterirdischer Gänge oder Stollen. Aber in erster Linie ist «Mine» ein, wie die Militärs sagen, «unbewegliches Kampfmittel der defensiven Kriegsführung». Dabei handelt es sich um einen mit Sprengstoff gefüllten und mit einem Zünder versehenen Behälter, der unter der Erde vergraben oder unter der Meeresoberfläche aufgehängt wird, weshalb man entweder von «Landmine» oder «Seemine» spricht.

Wenn auch bereits zu Beginn des 20. Jahrhunderts die Entwicklung solcher Land- und Seeminen begann, so erlebten sie doch erst im Ersten Weltkrieg eine ungeahnte Verbreitung, vor allem im Zusammenhang mit dem Stellungskrieg. Um dem Gegner ein Vorgehen durch das «Niemandsland» unmöglich zu machen, wurden vor den eigenen Stellungen auch «Minenfelder» angelegt. Es gab verschiedene Typen von Minen, am meisten verwendet wurden die sog. Tret- oder Stolperminen. Hier konnte man die Zündung so einrichten, dass Tretminen erst ab einem bestimmten Gewicht reagierten, spezielle Minen gegen Panzer explodierten z. B. erst bei hohem Druck.

Vom Wort her identisch, aber etwas ganz anderes war der sog. «Minenkrieg». Dieser hatte nichts mit der Verlegung der erwähnten Minen zu tun, sondern leitet sich vom «minieren» der Bergleute ab. Vom Gegner besetzte und unbedingt einzunehmende Plätze wurden in oft monatelanger Arbeit «unterminiert», d. h. es wurden Stollen bis zu 40 m unter der Erde verlegt, bis man unter der gegnerischen Stellung angekommen war. Dort wurden dann riesige Sprengladungen angebracht, so dass die Stellung von unten in die Luft gesprengt werden konnte.

Ein solcher Minenstollen wurde beispielsweise von den Engländern an der Somme unter den deutschen Schützengräben angelegt, der dafür gegrabene Tunnel war nicht weniger als 2 km lang! Zu Beginn des britischen Angriffs am 1. Juli 1916 wurde diese «Mine» gezündet, der über 80 m tiefe Krater bei La Boiselle ist noch heute einer der eindrucksvollsten Erinnerungsorte des Ersten Weltkrieges.

Seine Perfektionierung erreichte der Minenkrieg im Kampf um die beiderseitigen Stellungen bei Les Eparges östlich von Verdun im Jahre 1915. Dies ist von Ernst Jünger in seinen «Stahlgewittern» beschrieben worden. Den Minenkrieg in seinen schlimmsten – auch absurdesten – Dimensionen zeigen die Minenstellungen der «Butte Vauquois», ca. 20 km westlich von Verdun. Der kleine Ort Vauquois, der auf einer für die Fernbeobachtung bzw. Artillerielenkung sehr wichtigen 290 m hohen Erhebung lag, wurde von Deutschen und Franzosen abwechselnd und auch gleichzeitig «unterminiert». Die heute noch zu besichtigenden Minenstollen haben eine Gesamtlänge von 21 km, sie befinden sich bis zu 100 m unter der Erde und kreuzen sich auch. Monatelang haben die Soldaten (die oft ausgebildete Bergleute waren) dort unter der Erde ausgeharrt, notdürftig durch Ventilatoren mit Luft versorgt, immer lauschend auf die Grabungsarbeiten der Anderen und in der Furcht, dass ihre Mine «hochgeht», was auch ziemlich häufig geschah. Insgesamt sind dort

520 Minenexplosionen gezählt worden, wovon die Minenkrater von Vauquois noch heute eindringlich zeugen.

81. Wieso ist das Feuer eine Walze? Ein geläufiger Ausdruck in den Schlachtenbeschreibungen des Ersten Weltkriegs ist das Wort «Feuerwalze». Damit ist das Bemühen gemeint, den Angriff der Infanterie gegen feindliche Schützengräben mit einem sich gleichsam walzenförmig bewegenden Artilleriefeuer zu unterstützen. Die Infanterie dringt ein Stück vor, und die eigene Artillerie schießt aus dem Hintergrund über die Köpfe der eigenen Soldaten hinweg, so dass der Gegner in seinem Graben bleiben muss, will er nicht Opfer der Artilleriegranaten werden. Nach einer Feuerphase schweigt die Artillerie, die Truppe geht wieder ein Stück vor, dann setzt wieder die Artillerie ein. Diese Idee, das Zusammengehen von Infanterie und Artillerie als eine kontinuierliche, langsame «Walzen-Bewegung» zu steuern, ist theoretisch hervorragend und konnte auch im konkreten Vollzug – wenn alles so lief wie geplant – zu großen Erfolgen führen. Das zeigte schon die französische Offensive in der Champagne Ende September 1915. Die deutsche Armee wendete das Verfahren zum ersten Mal 1916 an der Ostfront an. Es bildete fortan einen wichtigen Bestandteil der Angriffstaktik. Das größte Problem hierbei lag natürlich in der dafür notwendigen direkten und engen Kommunikation zwischen vorgehender Infanterie und der Artillerie im «Rücken» derselben. Ging die Bewegung schneller voran als geplant, konnte die Artillerie ja ungewollt die eigenen Soldaten beschießen! Auch war die Entfernung nicht immer so genau zu berechnen, und im Verlauf der Operationen wurde die Schusspräzision immer stärker durch «ausgeleierte» Rohre der Geschütze beeinträchtigt. Immer wieder geriet somit die Truppe unter das Feuer der eigenen Artillerie, wovon sehr viele Soldatenbriefe und Kriegserinnerungen mit Entsetzen sprechen.

82. Wer waren die Dicke Bertha und der Lange Max? Unter dem Tarnnamen «Gamma-Gerät» wurde 1909 von der Fa. Krupp ein Geschütz mit einem Rohrdurchmesser von nicht weniger als 42 cm präsentiert, das der Volksmund «dicke Bertha» nannte, denn Bertha war der Name der ältesten Tochter von Alfried Krupp.

Es handelte sich dabei um einen «Mörser», ein Steilfeuergeschütz mit kurzem Rohr. Bei diesem Geschütztyp geht es weniger um Reichweite und Präzision als um Durchschlagskraft auf engem Raum. So wurden schon seit dem späten Mittelalter Mörser-Kanonen für das Sturmreif-Schießen von Festungen verwendet.

Genau diesen Zweck hatte auch die Dicke Bertha. Sie war ausdrücklich dafür gedacht, den gemäß dem Schlieffenplan durch Belgien vormarschierenden Truppen den Weg über die großen Festungswerke von Lüttich und Namur zu ebnen. Die Dicke Bertha war auf einer Lafette fahrbar, doch wegen Größe und Gewicht recht unbeweglich, und musste auf dem Schienenweg zum Zielort gebracht werden. Der ursprüngliche Typ konnte 930 kg schwere Geschosse auf eine Distanz bis zu 14 km verschießen. Zur Vergrößerung der Mobilität wurde vor 1914 ein Modell mit der Bezeichnung 14L/12 entwickelt, das in 5 Teile zerlegt und mit Spezialfahrzeugen auch auf Straßen transportiert werden konnte. Auch diese «abgespeckte» Version wog nicht weniger als 42,6 t! Jedes einzelne seiner Geschosse war ca. 1,50 m lang und 800 kg schwer. Jedes Geschütz hatte einen Wert von 1 Million Mark, jeder Schuss kostete 1500 Mark. Die Lebensdauer betrug ca. 2000 Schuss. Bei Kriegsbeginn wurden 4 Ur-Berthas, die auf Schienen herangeführt werden mussten, und 2 Geschütze der neuen Generation zur Beschießung der belgischen und nordfranzösischen Forts eingesetzt. Der schnelle Durchmarsch durch Belgien war nicht zuletzt ihrer Schlagkraft zuzuschreiben. Zwischen dem 12. August und dem 6. Oktober 1914 wurden zehn Forts «sturmreif» geschossen, insbesondere Lüttich, Antwerpen und Manonviller. Bis 1918 wurden insgesamt 10 Berthas gebaut.

Oft wird die «Dicke Bertha» mit dem «Langen Max» verwechselt, der 1918 aus mehr als 100 km Entfernung die Stadt Paris beschoss. Von den Franzosen wurde dieses ebenfalls aus der Kruppschmiede stammende gigantische und während des Krieges immer weiter entwickelte Geschütz «Fritz» genannt. Eine erste Version beschoss 1916 Dünkirchen (Dunkerque) aus 47 km Entfernung. In der 1918 eingesetzten Variante verfügte der «Lange Max» über eine Kanone mit 21 cm Innendurchmesser und einer Länge von nicht weniger als 35 m. Deshalb musste die Kanone mit Stahlseilen am Chassis aufgehängt werden. Die Granaten wogen 300 kg, und das Geschoss hatte eine Reichweite von 128 km. Bei Kriegsende verfügte Deutschland über 3 Exemplare dieses Ungetüms.

Der Beschuss von Paris erfolgte am Karfreitag, 23. März 1918. Er hatte keinerlei strategischen Sinn, sondern war reiner Terror. Die

Granaten schlugen im Stadtzentrum ein und beschädigten vor allem die mittelalterliche Kirche Saint-Gervais. 88 Menschen wurden während der Karfreitagsmette getötet und ca. 100 verletzt. Zumeist handelte es sich um Frauen, Kinder und alte Menschen. Für die Franzosen war dies ein weiteres Indiz dafür, dass ihr Gegner, der «boche», ein veritabler Hunne war, der nicht einmal diesen hohen Feiertag respektierte.

83. Was hieß damals Bombardieren? «Bombardieren» ist ein Wort, das schon im späten Mittelalter gebraucht wurde. Die frühen Kanonen des 15. Jahrhunderts wurden «bombardes» genannt. Auch im Ersten Weltkrieg wurde das Wort «bombardieren» noch fast ausschließlich für das Beschießen mittels Kanonen verwandt. Man «bombardierte» eine feindliche Schützenlinie genauso wie ein Dorf oder eine Stadt. Ab 1916 begann man, Bomben auch aus Flugzeugen abzuwerfen, was sich in dem neuen Kunstwort Luftbombardement ausdrückte. Erst mit dem Zweiten Weltkrieg und der dann üblichen systematischen Bombardierung der Städte aus der Luft hat das Wort endgültig seinen heutigen Sinn gewonnen, nämlich das Abwerfen von Bomben aus der Luft. Diese Begriffsverschiebung ist ein sprechendes Beispiel für den Unterschied zwischen den beiden Weltkriegen und für die Entwicklung hin zum totalen Krieg.

84. Wie groß war die Reichweite von Gewehren und Geschützen? Trotz revolutionärer Waffentechnik (Panzer; Flugzeuge) wurde der Großteil des Krieges mit recht konventionellen Waffen ausgefochten. Es handelte sich um Gewehre, Maschinengewehre und Geschütze der verschiedensten Kaliber, von denen die meisten bereits vor 1914 in Gebrauch gewesen waren. Diese Waffen wurden während des Krieges allerdings weiterentwickelt. Das betraf Patronen und Geschosse genauso wie Rohrdurchmesser und Legierungen. Das Hauptziel war, Waffen zu erhalten, die möglichst leicht zu transportieren, dabei aber zielgenau und auf große Entfernung treffsicher waren.

Das Infanteriegewehr des deutschen Heeres war das Gewehr Mauser 98 (also von 1898 datierend), vom Kaliber 7,9 mm, das 4,1 kg wog und ein Magazin mit fünf spitzen Patronen hatte. Obwohl mehr möglich gewesen wäre, begnügte man sich mit einer Reichweite von 1500 m, während das im Krieg neu konstruierte französische Gewehr Lebel 07/15 bis auf 2000 m relativ präzise schoss.

Eine große Rolle spielte das Maschinengewehr, welches im Krieg der geballten Menschenmassen fürchterliche Wirkung zeigen konnte, vor allem aus geschützten Maschinengewehrstellungen («Blockhäuser») heraus. Der dominierende deutsche Maschinengewehrtyp war das Maxim 08, das im Krieg mehrfach verbessert wurde und dessen Typenbezeichnung 08 mit der Jahreszahl kombiniert wurde, beginnend mit 08/14. Die Bezeichnung «08/15» für das technisch perfektionierte Gewehr von 1915 ist heute noch eine Metapher für Routine. Dieses MG mit einer «Seelenweite» von ebenfalls 7,9 mm (die Gewehrpatronen waren auch hier zu verwenden) hatte eine Reichweite von bis zu 4000 m, wobei 2500 m als zielgenaue Entfernung galten; bei größeren Entfernungen war der Streueffekt zu groß und die Durchschlagskraft nicht mehr gesichert. Ein 08/15 wog zusammen mit seiner Lafette 19 kg. Es wurde durch einen Patronengurt mit je nach Ausführung 150 bis 200 Patronen «genährt».

Die Hauptwaffe des Krieges waren indessen die Geschütze, denn die Artillerie verursachte schätzungsweise 70 % der Verluste. Man unterschied zwei Hauptgruppen: Flachfeuergeschütze und Steilfeuergeschütze. Zur ersteren Gruppe gehörten die Feldkanonen mit einem Kaliber von 7,5 bis 15 cm, die alle bereits vor dem Kriege existiert hatten, im Krieg aber modifiziert wurden. Dies galt besonders für die Beschaffenheit der Rohre, die dem Dauerbeschuss des Weltkriegs oft nicht gewachsen waren, sich vor Hitze verbogen oder «ausleierten». Die Geschosse der kleinen Kanonen (Kaliber 7,5 bis 8,4 cm) wogen nahezu 7 kg, ihre Reichweite betrug knapp 8 km. Je größer der Rohrdurchmesser war, desto schwerer wurden die Geschosse, welche bei den 13 bis 15 cm Kanonen bereits 42 kg wogen, bei einer Schussweite von nunmehr maximal 16,5 km.

Die zweite Gruppe, nämlich die Steilfeuergeschütze, wurden ebenfalls je nach Kaliber als leichte bzw. schwere Feldhaubitze bezeichnet. Sie hatten Rohrdurchmesser von 10,5 bis 14,7 cm und sollten vor allem für den Beschuss von Unterständen und Schützengräben eingesetzt werden. Ihre normale Reichweite lag ebenfalls zwischen 7 und 8 km, sie konnten aber bis zu 13 km weit treffen, allerdings nicht mehr zielgenau.

Die schwersten Feldgeschütze waren die sog. «Mörser», die ab 1910 konstruiert wurden und besonders einfach gebaut waren. Auf Treffgenauigkeit kam es bei ihnen nicht an, da diese «schweren Kaliber» (Rohrweite 21,1 cm) dazu bestimmt waren, ein Stück Erde und was sich an Mensch, Tier und Material darauf befand, durch eine riesige Explosion regelrecht zu zerstäuben. Der deutsche Mörser 21,1 cm hatte eine treffsichere Reichweite von nahezu 10 km, wurde aber auf noch größere Entfernungen von bis zu 15 km (etwa zum Beschuss einer Ortschaft) eingesetzt.

Eine Sonderstellung hatte die «Dicke Bertha», das Paradegeschütz von Krupp, über das an anderer Stelle berichtet wurde.

85. Wie schafften es die Engländer, die deutschen U-Boote abzuwehren? Als Deutschland im Januar 1917 zum «unbeschränkten U-Boot-Krieg» überging, war klar, dass dadurch die USA in den Krieg hineingezogen werden würden und deshalb Deutschland auf Dauer nicht mehr gewinnen konnte. Aber die deutsche Oberste Heeresleitung und der Chef der Admiralität, Alfred von Tirpitz, konnten Kaiser und Regierung davon überzeugen, dass man mit dem unbeschränkten U-Boot-Krieg, also auch der Torpedierung von feindlichen Handelsschiffen ohne Vorwarnung und unter der Wasserlinie, England binnen eines halben Jahres bezwingen konnte – noch bevor also die USA operativ würden eingreifen können.

Zunächst sah es so aus, als ob die Berechnungen der militärischen Experten, die auch publiziert und öffentlich diskutiert wurden, zutreffend wären. Die versenkte Schiffstonnage betrug im Februar 1917 bereits 540 000 Bruttoregistertonnen (BRT), im Mai 1917 waren es schon 885 000 BRT. Es schien tatsächlich so, dass England diese Verluste nicht würde ausgleichen können. Die britische Regierung war zutiefst beunruhigt, und der Chef der Flotte, Admiral John Jellicoe, drängte auf einen Verhandlungsfrieden mit dem Deutschen Reich. Aber wieder einmal geschah in diesem Krieg, was so häufig passierte: Bei allen Berechnungen hatte man nicht daran gedacht, dass dem Gegner vielleicht eine Gegenstrategie einfallen könnte und dass kein Erfolgsrezept jemals «todsicher» sein kann. Die Engländer fanden tatsächlich in kurzer Frist eine Lösung des Problems. Zunächst gelang es, ein Verfahren zu entwickeln, um die deutschen Funksprüche besser als zuvor zu lokalisieren und damit den Standort der U-Boote ausfindig zu machen. Wichtiger noch war aber die sog. «Geleitzugtaktik», die Regierungschef David Lloyd George nach Beratungen mit jungen Marineoffizieren entwickelte und die eigentlich im Widerspruch zu der glorreichen Tradition der britischen Marine stand: Man fasste die über den Ozean fahrenden Schiffe in Konvois zusammen, die von schweren Kriegsschiffen begleitet und damit beschützt wurden. Der australische Historiker Trevor Wilson, einer der größten Spezialisten, hat sogar geurteilt, dass nur dieser Schachzug das Überleben des britischen Empire ermöglicht habe.

Die deutschen U-Boote waren nunmehr gezwungen, ihre Annäherung an die feindlichen Objekte unter Wasser auszuführen, sie verloren enorm an Geschwindigkeit und Reichweite. Außerdem mangelte es ihnen an Torpedos, um den Geleitzügen ernsthaften Schaden zufügen zu können, ohne selber versenkt zu werden. Aus den Jägern wurden Gejagte. Während die Zahl der versenkten U-Boote unaufhörlich stieg, sank die Anzahl der versenkten Handelsschiffe im Sommer 1917 um mehr als die Hälfte. 1918 wurde der U-Boot-Krieg dann zu einer Randerscheinung, da die Deutschen kaum noch Boote hatten. Aber der wichtigste Effekt war, dass wegen des deutschen Hasardspiels nunmehr die USA tatsächlich Anfang April 1917 Deutschland den Krieg erklärten und in aller Ruhe ihre Soldaten nach Frankreich bringen konnten. Das waren im Frühsommer 1918 schon mehr als 1,3 Millionen, weshalb Deutschland den Krieg verlieren musste.

86. Was stand im Hindenburg-Programm? Unter dem Hindenburg-Programm wird allgemein die Neuorganisation der deutschen Kriegswirtschaft und Rüstungsproduktion nach der Übernahme der Obersten Heeresleitung durch Generalfeldmarschall Paul von Hindenburg und dessen «Generalquartiermeister» Erich Ludendorff am 26. August 1916 verstanden.

Schon wenige Tage nach dem Machtantritt des seit der Schlacht von Tannenberg von der deutschen Öffentlichkeit verehrten «Dioskuren» stellte Hindenburg in einem Schreiben an den Reichskanzler, das von Ludendorff verfasst war, sein «Programm» vor, um diesen Krieg, der inzwischen durch die Verdun- und Somme-Schlachten ein regelrechter «Abnutzungskrieg» von Mensch und Material geworden war, doch noch zu gewinnen.

Er forderte eine erhebliche Ausweitung der Rüstungsproduktion und die Indienststellung der gesamten Bevölkerung zu diesem Zweck. Die Devise dieses Programms war, dass Deutschland, dessen «Menschenmaterial» auf Dauer dem der Alliierten nicht gleich komme, massiv auf neue Technologien und Massenproduktion setzen müsse, um den Krieg noch für sich zu entscheiden. Aus diesem Grund sollte die Produktion von Munition und Minenwerfern verdoppelt werden, Geschütze und Maschinengewehre sollten in dreifacher Menge hergestellt werden. Dazu bedurfte es nach Meinung der OHL eines Kriegsleistungsgesetzes. Ohne Rücksicht auf völkerrechtliche Vorschriften sollten auch Fremd- und Zwangsarbeiter eingesetzt werden. Außerdem sollten alle Fabriken auf ihren «kriegswirtschaftlichen Nutzen» überprüft und so weit wie möglich auf Kriegsproduktion umgestellt werden. An Zwang war allerdings nicht gedacht. Man wollte vielmehr die Umstellung auf Rüstungsproduktion für die Industriellen attraktiv machen, indem man die bisherigen Preisregulierungen fallen ließ. Die Industriellen sollten also – im Krieg! – frei über ihre Preise bestimmen können. Es versteht sich, dass dieses Angebot kräftig und kartellmäßig ausgenutzt wurde. Kosten spielten ohnehin keine Rolle, weil ja alle Kriegskosten vom besiegten Gegner bezahlt werden würden.

Dieses gigantomanische Programm hatte ab Ende 1917 erstaunliche Erfolge. Die Produktionsziele wurden (mit etwas Verspätung) weitgehend erreicht. Allerdings unterließ es die OHL, in neue Technologie zu investieren, sieht man von den U-Booten ab. Weder LKW noch Panzer standen auf dem Programm, was dann 1918 entscheidend für die Niederlage wurde. Gleichwohl hat das Hindenburg-Programm die Ausrüstung des Heeres mit Infanteriewaffen aller Art so verstärkt, dass an diesen bis Ende des Krieges kein Mangel war.

Das Hindenburg-Programm hatte einen unerwarteten Nebeneffekt: Um es im Reichstag durchzusetzen, musste die Regierung mit dem «Gesetz über den vaterländischen Hilfsdienst» («Hilfsdienstgesetz») vom 5.12.1916 eine Reihe schwerwiegender Zugeständnisse an die Arbeiter machen. So kamen nunmehr in allen «kriegswichtigen Betrieben» Vertrauensleute der Gewerkschaften zum Zuge. Unter dem Druck der Kriegsnotwendigkeiten hatten Regierung und Militär also die so lange bestehende Forderung der Arbeiterschaft nach einer Anerkennung der Gewerkschaften als offizielle Verhandlungs- und Vertragspartner angenommen.

87. Warum wurde im Januar 1918 überall gestreikt? In der Zeit vom 14. Januar bis zum 2. Februar 1918 kam es in Wien, Berlin sowie in den industriellen Zentren von Hamburg, Kiel und dem Rheinland zu einer Reihe von politischen Streiks. Es handelte sich hierbei um Massenbewegungen, wie man sie zuvor während des Krieges noch nicht erlebt hatte. Zwischen 20 000 und 50 000 Metallarbeiter gingen auf die Straße und diesmal nicht – wie es 1917 der Fall gewesen war – für ökonomische Forderungen, sondern aus politischen Motiven.

Ursache der Proteste und Streiks war die Tatsache, dass die Friedensverhandlungen zwischen Sowjetrussland und Deutschland in Brest-Litowsk auf der Stelle traten. Die Forderung der Sowjets nach einem «Frieden ohne Annexionen und Kontributionen» leuchtete auch den kriegsmüden deutschen Arbeitern unmittelbar ein, und die Weiterführung des Krieges durch die Deutschen gegen eine demonstrativ wehrlose Sowjetunion erregte Abscheu. Ersten Protestaktionen, die von Spartakus und der USPD organisiert wurden, folgten Arbeitsniederlegungen in den Berliner Metallverarbeitungs-Fabriken. Vor allem die Gewehr- und Munitionsproduktion war betroffen. Sehr bald wurden die nur lose organisierten Streiks von Spartakus und USPD kontrolliert.

Trotz ausdrücklichen Verbotes durch die zuständige Militärverwaltung breitete sich die Bewegung rapide aus. So sehr, dass die Führung der Mehrheitssozialdemokratie fürchtete, den Anschluss an und die Kontrolle über die Arbeitermassen zu verlieren. Der Parteivorstand beschloss deshalb, Friedrich Ebert, Otto Braun und Philipp Scheidemann in das Streikkomitee zu entsenden, um «die Bewegung in geordneten Bahnen» zu halten.

Die politische Situation wurde dadurch extrem angespannt, dass die Regierung jede Verhandlung mit den Streikenden ablehnte und die Militärverwaltung (das «Oberkommando in den Marken») am 29. Januar alle Streiks untersagte. Trotzdem wuchs die Bewegung weiter an. Riesendemonstrationen, wie die im Treptower Park am 31. Januar, wurden vom Militär aufgelöst. Es kam zu mehreren Toten und Hunderten von Verletzten. Viele hundert Streikende wurden verhaftet, und die Militärverwaltung gab bekannt, dass diejenigen, die nicht spätestens am 4. Februar ihre Arbeit wieder aufnehmen würden, als nicht mehr «kriegswichtig» betrachtet und an die Front zurückversetzt würden. Der Frontdienst wurde also inzwischen als Strafe gehandhabt! Tatsächlich wurden in den folgenden Tagen ca. 50 000 Streikende an die Front verschickt. Auf diese Weise gelang es, die Streikbewegung vorerst vollständig zu ersticken.

Dieser Streik hatte ein wichtiges «Nachspiel». Im Dezember 1924 kam es zu einem Prozess in Leipzig, den Reichspräsident Friedrich Ebert gegen eine Zeitung angestrengt hatte, die ihm die Teilnahme am Streik vom Januar 1918 vorwarf. Die Zeitung wurde zwar wegen

Beleidigung des Präsidenten zu einer symbolischen Strafe verurteilt, das Gericht hielt aber fest, dass sich Ebert 1918 objektiv des Hochverrats schuldig gemacht habe. Der Ebert-Prozess wurde zu einem wichtigen Element der Dolchstoßlegende.

88. Wie sind die Kriegsgefangenen behandelt worden? Die Kriegsgefangenschaft erreichte mit den Millionenheeren des Ersten Weltkriegs völlig neue Dimensionen. Bei der Schlacht von Tannenberg Ende August 1914 wurden nahezu 92 000 russische Soldaten gefangen genommen. Das war der Beginn einer regelrechten Völkerbewegung in Lager, ein Phänomen, welches vor 1914 niemand vorausgeahnt hatte.

Die genaue Zahl der Kriegsgefangenen des Ersten Weltkrieges ist nur grob zu schätzen, man geht von 6,6 bis 8 Millionen aus. Bei insgesamt ca. 60 Millionen Soldaten sind also mindestens 10 % in Gefangenschaft geraten. Nach Berechnungen der Zwischenkriegszeit hatten Deutschland und Russland bis Herbst 1918 die meisten Kriegsgefangenen, nämlich 2,4 Millionen bzw. 2,25 Millionen.

Die Behandlung von Kriegsgefangenen war eigentlich durch international anerkannte Bestimmungen klar geregelt. Nach den Vorgaben der Haager Landkriegsordnung von 1907, die alle Großmächte unterzeichnet hatten, sollte sich die Kriegsgefangenschaft darauf beschränken, den entwaffneten Kriegsgegner möglichst dauerhaft aus dem Kampf zu ziehen. Die Gefangenen sollten nicht mehr als Feinde, sondern «mit Menschlichkeit behandelt werden» (Art. 4). Spezifiziert wurde diese humanitäre Maßregel u. a. dadurch, dass festgelegt wurde, die Gefangenen seien «in Beziehung auf Nahrung, Unterkunft und Kleidung auf demselben Fuße zu behandeln wie die Truppen der Regierung, die sie gefangen genommen hat» (Art. 7). Tatsächlich wurden Kriegsgefangene relativ menschlich behandelt und angemessen ernährt, wenngleich die Regel der HLKO wohl nirgends strikt eingehalten wurde. In Deutschland wurden die Gefangenen auch in dem Maße, wie sich die Ernährungssituation der Bevölkerung u. a. durch die englische Blockade dramatisch verschlechterte, ebenfalls auf «Hungerrationen» gesetzt. Besonders schlecht wurden die russischen Kriegsgefangenen behandelt, wobei hier auch schon «rassische» Gesichtspunkte anfingen, eine Rolle zu spielen.

Tägliche Praxis, obwohl von der HLKO untersagt, waren Repressalien gegenüber den Gefangenen. Französische oder britische Gefangene wurden beispielsweise auf Hungerrationen gesetzt, um die Alliierten daran zu hindern, deutsche Gefangene in afrikanische Kolonien zu verlegen; deutsche Gefangene wurden als Antwort auf deutsche Kriegsgräuel in Einzelhaft genommen oder auf Hungerration gesetzt.

Als schwerwiegendstes Problem erwies sich die Frage des Arbeitseinsatzes der Gefangenen. Grundsätzlich hatte die HLKO festgelegt, dass die Arbeit «in keiner Beziehung zu den Kriegsunternehmen stehen» dürfe (Art. 6). Es war also nicht erlaubt, Kriegsgefangene bei der Waffenproduktion einzusetzen oder etwa sogar zum Bau von Schützengräben usw. Genau dies aber geschah im immer totaleren Krieg auf allen Seiten, wobei offensichtlich der deutsche Generalstab am skrupellosesten agierte. «Schon 1915 wurden Kriegsgefangene aus militärischen Gründen auch zum Arbeitseinsatz im Etappen- und Frontgebiet gezwungen» (U. Hinz). Einen traurigen Rekord erreichte diese völkerrechtswidrige Beschäftigung mit dem Bau der «Hindenburg-Stellung» an der Somme im Jahre 1917. Hier wurden Hunderttausende von russischen und französischen Kriegsgefangenen brutal zur Arbeit für den Feind gezwungen.

Anders als im Zweiten Weltkrieg waren Kriegsgefangene noch keine «Untermenschen», auch wenn die Missachtung des Völkerrechts zur Regel wurde, so dass man von einer kontinuierlich fortschreitenden «Brutalisierung» sprechen kann.

89. Warum blieben alle Angriffe stecken? Im Spätherbst 1914 standen sich nach dem «Wettlauf zum Meer» an der 780 km langen Front im Westen – vom Elsass bis zur Kanalküste – zwei riesige Heere gegenüber, und dies auf einer Entfernung von fünfzig Metern bis fünf Kilometern, also meist auf Sichtweite und innerhalb des Wirkungsbereichs von Scharfschützen und Maschinengewehren. Deshalb wurden immer tiefer ausgebaute Stellungen geschaffen. Die Front erstarrte, wie es damals hieß, jede Bewegung aus den Schützengräben hinaus bedeutete unweigerlich den Tod. Irgendwie musste es aber doch weitergehen, wobei die Soldaten durch das oft wochenlange Ausharren in ihren Stellungen psychisch so zermürbt wurden, dass ihnen eine Offensive, bei allem persönlichen Risiko, oft wie eine Erlösung vorkam. Also versuchte man sich in Durchbrüchen an bestimmten ausgewählten Stellen der Front, in der Hoffnung, die feindliche Armee auf diese Weise seitlich oder sogar von hinten «packen» zu können und die Verbindung zwischen Front und Etappe – die innere Linie – abzuschneiden.

Örtlich konnte das Durchbruchsverfahren sogar immer wieder Erfolg haben und die Soldaten mit Zuversicht, ja Begeisterung erfüllen. Dabei kam es aber stets nur zu mehr oder weniger weiten Ausbuchtungen der Front, den sog. «Frontnasen». Beispiel hierfür sind Verdun 1914/15 oder die Ausbuchtung vor Ypern 1917. Immer aber gelang es dem Gegner, einen weitergehenden Durchbruch zu verhindern und sich seinerseits so zu positionieren, dass die Seitenflanken dieser Ausbuchtung nie wieder angegriffen werden konnten. Das Hinterland war normalerweise so gut mit Straßen und Eisenbahnlinien ausgerüstet, dass es immer möglich blieb, weitere Truppen heranzuschaffen und einen definitiven Durchbruch des Feindes zu verhindern. Das war das entscheidende Charakteristikum des industrialisierten Massenkrieges. Solange eine Partei genügend Mannschaften, Waffen und Fahrzeuge hatte, um in wenigen Tagen die Durchbruchstellen «abzuriegeln», blieben strategische Erfolge solcher Offensiven aus. Das beste Beispiel hierfür ist die Somme-Schlacht von 1916. Weil die Durchbrüche also nicht fruchteten, planten die Generale der alliierten Armeen, die ja auf Dauer mehr Material und Menschen hatten als die Deutschen, nunmehr tatsächlich so genannte «Abnutzungsschlachten».

Der Krieg an der Westfront war ab Herbst 1916 dadurch charakterisiert, dass man mit permanentem Distanzbeschuss und gelegentlichen örtlichen Angriffen versuchte, den Gegner «auszubluten», also möglichst viele Menschen- und Sachverluste zu erzeugen. Das musste auf Dauer gelingen. Die Deutschen wussten, dass spätestens, wenn die USA in den Krieg eingreifen würden, dieser auf jeden Fall verlorengehen würde. Deshalb versuchten sie im März 1918 noch einmal mit einem «letzten Hieb» definitiv durchzubrechen. Das konnte aber nicht gelingen, weil wieder einmal genug Gegner und Material vorhanden waren, so dass auch ein noch so tiefer Einbruch in die Front nicht zum wirklich entscheidenden Durchbruch werden konnte.

90. Welche Rolle spielten Pferde im Ersten Weltkrieg? Der «Grosse Krieg» war nicht zuletzt ein Krieg der Pferde. Aus einer zeitgenössischen Quelle: «Das deutsche Friedensheer von 1914 hatte einen Etat von rund 160 000 Pferden. Im Kriege wuchs diese Zahl auf fast das Zehnfache. Neben einigen hunderttausend Eseln und

Maultieren waren über 1,5 Millionen Pferde im Dienst der deutschen Armee. Rund 400 000 Pferde verendeten durch feindliche Geschosse, etwa 500 000 durch Krankheit.» Monatlich wurden nach einer anderen Quelle nicht weniger als 10 Millionen Hufeisen verbraucht. Ein Armeekorps im Kriegzustand hatte neben ca. 120 000 Soldaten nicht weniger als 14 000 Pferde, eine Brigade der Feldartillerie benötigte für ihr Personal und die ca. 150 Geschütze regulär 1850 Pferde. Entsprechend dieser Menge an Pferden gab es spezielle Etappen-Pferdedepots bzw. Krankenhäuser für verletzte Pferde. Nicht weniger als 5500 Veterinäroffiziere beaufsichtigten diese Depots. Selbstverständlich wurden (vor allem verletzte) Pferde auch geschlachtet und waren eine wertvolle Ergänzung der Fleischversorgung der Truppe.

Man sieht an diesen nackten Zahlen, wie riesig der Pferdebedarf und -verbrauch beim deutschen Heer war. Für die anderen Länder galt dies ebenso. Allerdings entwickelte sich die Fahrzeugtechnik während des Krieges weiter, so dass die Alliierten 1917/18 Pferdetransporte häufig durch LKWs ersetzten, was den Deutschen nicht möglich war, da es ihnen an Gummi für die Reifen fehlte. Noch «Michael», die letzte große deutsche Offensive 1918, wurde in erster Linie von Pferden, dann aber wegen immer größeren Pferdemangels auch von Ochsen und Maultieren vorangeschleppt.

Der Pferdebedarf bei den anderen kriegführenden Nationen war ganz unterschiedlich hoch. Die britische Armee hatte zu Kriegsbeginn nur 52 000 Pferde für ihr Freiwilligenheer. Im Laufe des Krieges wurde der Bestand zwar auch stark vergrößert, aber die Beförderungsmittel waren von vornherein stärker motorisiert als im deutschen Heer. Wahrscheinlich ist dies auch der Grund, warum das Pferd in der britischen Kriegserzählung eine emotional größere Rolle spielt als in Deutschland oder Frankreich (wo die Armee nicht weniger als 3,5 Millionen Pferde «verschlang»). Die aktuelle dramatische Inszenierung des Weltkrieg I-Filmes bzw. Theaterstücks «War Horse» («Gefährten») hat das Schicksal eines Pferdes im Kriege zum Hauptthema.

91. Was sind Dumdumgeschosse? In den ersten Monaten des Krieges erhoben die Deutschen immer wieder Vorwürfe, besonders gegenüber den Briten, dass diese sog. «Dumdumgeschosse» verwendeten. Der Name stammt von der indischen Stadt Dum-Dum bei Kalkutta, in der es seit den 1890er Jahren tatsächlich eine für Großbritannien arbeitende Munitionsfabrik gegeben hatte, die sog. Teilmantel- und Hohlspitzgeschosse herstellte. Hierbei wurde die Spitze des Geschossmantels entfernt und dadurch der Bleikern freigelegt. Beim Auftreffen auf einen Gegenstand wurde der geöffnete Mantel durch die Wucht des Bleis zerrissen und das Geschoss wirkte wie ein Sprenggeschoss. Bei anderen Modellen machte man eine Bohrung in die Geschossspitze, was den gleichen Effekt hatte. Diese Geschosse verursachten also keine glatten Durchschüsse, sondern blieben im Körper stecken. Dabei kam es zu großen Einschusslöchern mit Rissbildung, die kaum mehr zu operieren waren. In der Ersten Haager Landkriegsordnung von 1899 wurde diese Art von Geschossen ausdrücklich verboten. Nun konnte man aber jederzeit problemlos normale Patronen durch Einritzen und Plattklopfen der Geschossspitze in Dumdumgeschosse verwandeln. Da die Soldaten die Verwendung dieser Geschosse als zutiefst unfair und überaus grausam empfanden, wurden Gegner, die mit solchen Patronen im Gürtel gefangen genommen wurden, sofort erschossen.

Zu Beginn des Krieges war die angebliche oder tatsächliche Verwendung von Dumdumgeschossen durch britische und französische Soldaten ein wichtiger Teil der deutschen Propaganda. Im Laufe des Krieges aber verlor sich die Empörung über die Dumdumgeschosse. Denn alle Kriegführenden schalteten – ohne weiteres Aufheben davon zu machen – auf hochexplosive Sprenggranaten um, die beim Aufschlag in Tausende von sog. «Granatsplittern» oder «Schrapnells» (engl.: shrapnells) zerbarsten und die typischen schweren Verwundungen der Soldaten des Ersten Weltkriegs hervorriefen.

92. Was verstand man unter Notgeld? Während des gesamten Ersten Weltkriegs und noch bis Mitte der 1920er Jahre wurde in vielen Ländern «Notgeld» ausgegeben. Das konnte durch einzelne Stadt- und Ortsverwaltungen geschehen oder auch durch große Firmen wie etwa Krupp. Notgeld hatte die Funktion, die zeitweilig erheblichen Bargeldmängel in allen von der jeweiligen «Zentrale» nicht mehr oder nur schwer zu erreichenden Gebieten, etwa in Grenznähe oder im Frontbereich, zu kompensieren und die Bevölkerung mit einem Zahlungsmittel auszustatten. Es handelte sich immer um mehr oder weniger phantasievoll bedrucktes Papier, das von lokalen Verwaltungen oder Firmen ausgegeben wurde und dessen Eintausch gegen offizielles Geld nach dem Kriegsende zugesichert war, also im Grunde um nichts weniger als einen zinslosen Kredit.

In Deutschland kam es in grenznahen Bereichen bereits im August 1914 zu Notgeld-Operationen. Hauptsächlich wurde Notgeld aber von 1918 bis 1924 verbreitet. Nach neuen Berechnungen waren 1918 bereits 1500 Millionen Mark Notgeld im Umlauf (R. Zilch). Die Reichsregierung, die zunächst diese Form des Geldverkehrs ablehnte und sich bemühte, wo immer möglich, die emittierten Scheine zurückzukaufen (d. h. in echtes Geld zu wechseln), wurde ab 1916 immer stärker gezwungen, selber solche Operationen zu unterstützen, da Bargeld überall knapp war.

Ein besonderes Problem stellte das Notgeld in besetzten Gebieten dar. In Belgien bestand die Besonderheit, dass die Kommunen zwar Notgeld als zinslose Kredite an die Bevölkerung verteilten, die deutschen Besatzer aber, auch im Hinblick auf die geplante «definitive» Einverleibung Belgiens ins Deutsche Reich, sofort begannen, durch die Ausgabe von speziellem Besatzungsgeld mit Zwangsumtausch gegenzusteuern. In Frankreich hingegen, wo keine Dauerbesetzung geplant war, wurden die sog. «Stadtscheine» der einzelnen Kommunen von den Besetzern toleriert, denn man wollte keine Besatzungswährung schaffen. Notgeld hat es darüber hinaus auch in Österreich-Ungarn und in chaotischem Maße im revolutionären Rußland gegeben.

Insgesamt wurde durch die verschiedenen Notgeldemissionen ein großer Schritt hin zur «Delegitimierung» des Staates in den Verlierernationen getan. Ein Staat, so die wachsende Überzeugung in der Bevölkerung, der nicht fähig war, die Ausgabe von Geld zu kontrollieren, hatte den Kern seiner Autorität verloren.

Kriegsende und Kriegsfolgen

93. Welche Friedensverträge wurden wann und wo geschlossen? Der allererste Friedensschluss des Ersten Weltkrieges erfolgte nach nahezu 3½-jährigem Krieg am 9.2.1918 zwischen dem Deutschen Reich und Österreich-Ungarn einerseits und der Ukrainischen Volksrepublik andererseits. Dieser Frieden mit der aus der Zerfallsmasse des Zarenreiches gebildeten Ukraine gilt als sog. «Brotfrieden», weil die Mittelmächte ihn abschlossen, um aus dieser «Kornkammer» Osteuropas Nahrungsmittel für ihre hungernde Bevölkerung zu erhalten.

In gewisser Weise war dies ein Vorfrieden für den Gewaltfrieden von Brest-Litowsk, den Deutschland mit Sowjetrussland nach mehr als dreimonatigen Verhandlungen und militärischen Erpressungen am 3.3.1918 schloss, wodurch nahezu ein Drittel des russischen Territoriums unter deutsche Herrschaft fiel.

Am 7.5.1918 erfolgte der Friedensvertrag zwischen den Mittelmächten und Rumänien, weshalb viele glaubten, dass der Krieg sich doch noch zugunsten Deutschlands wenden könnte.

Das erste Signal für das definitive Ende des Krieges war Bulgariens Waffenstillstand mit den Alliierten am 30.9.1918. Am Tag zuvor hatte die deutsche Oberste Heeresleitung die Regierung zur Aufnahme von Waffenstillstandsverhandlungen mit den USA aufgefordert.

Der von Österreich-Ungarn am 27. Oktober ohne Rücksprache mit Deutschland angebotene Waffenstillstand kam wegen des kurzfristigen Auseinanderfallens des Habsburgerreiches nicht mehr zustande. Am 31.10. wurde der Waffenstillstand zwischen der Entente und dem Osmanischen Reich geschlossen.

Am 11.11.1918 um 11 Uhr «schwiegen die Waffen» des Weltkrieges, nachdem die am 9. November ausgerufene deutsche Republik in Compiègne den Waffenstillstand mit der Entente unterzeichnet hatte.

Bereits am 18.1.1919 wurde der Friedenskongress in Paris eröffnet, bei dem 70 Vertreter aller am Krieg beteiligten 27 Nationen anwesend waren, nicht aber die Verlierer. Die Beratungen, die in Versailles stattfanden, wurden zunächst von 10 Vertretern der hauptsächlichen alliierten Mächte und ab Ende März von dem sog. «Viererrat» der Vertreter der Hauptmächte (Frankreich, USA, England, Italien) geführt. Im April wurde Deutschland aufgefordert, eine Delegation von Bevollmächtigten zu entsenden. Diese Delegation unter Vorsitz des Außenministers Ulrich von Brockdorff-Rantzau durfte sich nur schriftlich zum Vertragsentwurf der Alliierten äußern, der ihr am 7. Mai von Georges Clemenceau übergeben worden war. Berühmt geworden ist die Szene, in der Graf Brockdorff seine Antwort und seinen Protest gegen die Zuweisung der alleinigen Kriegsschuld an Deutschland und seine Verbündeten im Sitzen vortrug. Am 29. Mai wurden die deutschen Gegenvorschläge überreicht, die von den Alliierten bis auf Kleinigkeiten abgelehnt wurden. Am 16. Juni erfolgte das Ultimatum der Alliierten, binnen 5 Tagen anzunehmen, andernfalls sei wieder Kriegszustand inklusive Besetzung Deutschlands. Am 28. Juni erfolgte schließlich die Unterzeichnung des Vertrages, in Deutschland wegen seines «Kriegsschuldparagraphen» (Art. 231) gemeinhin «Schmachfrieden» oder «Schandfrieden» genannt.

Auch mit den anderen gegnerischen Mächten bzw. deren Nachfolgern wurde danach in Vororten von Paris Frieden geschlossen, weshalb die Verträge häufig als «Vorortverträge» bezeichnet werden: Zunächst mit der Republik Österreich in Saint-Germain-en-Laye am 10.9.1919, wobei wohl die wichtigste Klausel das «Anschlussverbot» Deutsch-Österreichs an Deutschland war (Art. 88). Der Friedensvertrag mit Bulgarien wurde am 27.11.1919 in Neuilly unterzeichnet, Bulgarien musste für viele Jahre Naturalien an seine siegreichen Nachbarn liefern und verlor zudem mehr als 11 000 km^2 an Territorium. Am 4.6.1920 wurde in Trianon der Vertrag mit Ungarn geschlossen. Schließlich kam es mit viel Verspätung wegen der nicht geklärten staatlichen Situation des ehemaligen Osmanischen Reiches am 10.8.1920 zum Friedensschluss mit der Türkei in Sèvres. Das Territorium der Türkei umfasste nun nur noch ein Viertel des ehemaligen Osmanischen Reiches. Zudem wurde die Türkei durch Finanzkontrolle und Kontrolle der Meerengen zu einer Art Halbkolonie Frankreichs, Großbritanniens und Italiens.

Insgesamt konnten die Friedensverträge keinen dauerhaften Frieden schaffen, weil sich die Siegermächte zu Richtern aufschwangen und vor allem die Kriegsschuld nach Belieben verteilten. Das waren sie ihrer Öffentlichkeit schuldig. Zudem war der Zwang zu gewaltigen Reparationsforderungen groß, weil alle kriegführenden Staaten mit Ausnahme der USA vom Bankrott bedroht waren. Zu einem echten Frieden ist es trotz der wegweisenden Einrichtung des Völkerbundes (28.4.1919 in Versailles) nicht gekommen.

94. Was ist der «Kriegsschuld-Paragraph»? Und der «Schandfrieden»? Mit diesem Begriff bzw. Schimpfwort wurde und wird heute manchmal noch der Artikel 231 des Versailler Vertrages bezeichnet, der folgenden Wortlaut hatte: «Die alliierten und assoziierten Regierungen erklären, und Deutschland erkennt an, daß Deutschland und seine Verbündeten als Urheber für alle Verluste und Schäden verantwortlich sind, die die alliierten und assoziierten Regierungen und ihre Staatsangehörigen infolge des ihnen durch die Aggression Deutschlands und seiner Verbündeten aufgezwungenen Krieges erlitten haben.»

Dieser Artikel machte aus dem Vertrag den damals in Deutschland sog. «Schandfrieden». Kaum jemand war willens zu akzeptieren, dass Deutschlands «Aggression» den Krieg ausgelöst hatte. In der offiziellen deutschen Übersetzung dieses Artikels wurde deshalb auch die «agression» bzw. «aggression» im französischen und englischen Text durch «Angriff» abgemildert. Die Regierung Scheidemann trat zurück, um diesen Vertrag nicht unterzeichnen zu müssen, und erst die Drohung der Alliierten, widrigenfalls ganz Deutschland zu besetzen, brachte die äußerst empörten Deutschen schließlich doch zur Unterschrift. Noch 1928 hat die deutsche Regierung offiziell erklärt, dass sie diesen Artikel nicht akzeptiere – was von englischer und französischer Seite sofort mit aller Schärfe zurückgewiesen wurde.

Allerdings erfuhr der Art. 231 im Zuge der Friedenspolitik nach 1928 neue Interpretationen. So wiesen Historiker darauf hin, dass dieser Artikel nicht von ungefähr nicht etwa als Präambel des Vertrages fungiert habe, sondern erst in der Rubrik «Kriegsschäden» auftauche, also lediglich eine juristische Absicherung der Restitutions- und Reparationsforderungen an Deutschland beabsichtigt habe. Das war auch der Fall, wobei allerdings nicht übersehen werden kann, dass der Vorwurf der schuldhaften bzw. «verbrecherischen» Aggression Deutschlands durchaus den gesamten Diskurs der Verhandlungen von Versailles beherrscht hatte. Zur Eröffnung des Versailler Kongresses am 18.1.1919 sprach der französische Präsident Raymond Poincaré vom größten «Verbrechen der Menschheitsgeschichte»; und bei Übergabe der Friedensbedingungen an die deutsche Delegation sprach der zornbebende französische Ministerpräsident Georges Clemenceau von der «Stunde der Abrechung» für diesen «fürchterlichsten» Krieg, den Deutschland der Welt «aufgezwungen» habe.

So hat es gute Gründe, nach wie vor zu betonen, dass der «Kriegsschuld-Paragraph» im Zentrum der Auseinandersetzung um «Versailles» stand und der Hauptgrund dafür war, dass aus diesem Vertrag kein wirklicher Neuanfang in der internationalen Verständigung resultieren konnte.

95. Was ist die «Dolchstoßlegende»? In dem Maße, wie sich der Krieg in die Länge zog, wurde der Burgfrieden von 1914 brüchig. Vertreter eines «Siegfriedens» und Fürsprecher eines «Verständigungsfriedens» diskutierten immer erregter. Auch die Mangelwirtschaft, der Hunger seit 1916/17, führte zu großer Unzufriedenheit, die natürlich auch an der Front bekannt wurde und sicherlich ein Grund für das Nachlassen der «Kampfmoral» der Soldaten war. Von Seiten der militärischen Führung wurde jedenfalls schon früh beklagt, dass «die Heimat» nicht mehr richtig «mitziehe». Im Herbst 1918 war es daher ebenso naheliegend wie feige, dass Ludendorff den Kaiser bat, «jetzt auch diejenigen Kreise an die Regierung zu bringen, denen wir es in der Hauptsache zu verdanken haben, daß wir so weit gekommen sind. Wir werden also diese Herren jetzt in die Ministerien einziehen sehen. Die sollen nun den Frieden schließen, der jetzt geschlossen werden muß. Sie sollen die Suppe jetzt essen, die sie uns eingebrockt haben.» (Tagebuch Thaer, 1.10.1918).

Die Militärs handelten dementsprechend. Der Waffenstillstand vom 11.11.1918 in Compiègne wurde tatsächlich nicht von den Militärs, sondern von einer Politikerdelegation unter Führung des Abgeordneten Matthias Erzberger geschlossen. Zudem erhielten die Militärs für ihre Behauptung, an der Niederlage unschuldig zu sein, unbeabsichtigte Schützenhilfe von den Politikern. Denn diese mussten versuchen, die zurückkehrenden 5 Millionen zutiefst frustrierten und z. T. bewaffneten Frontsoldaten zu integrieren bzw. «bei Laune zu halten». Deshalb begrüßte Friedrich Ebert die zurückkehrenden Truppen in Berlin mit den Worten «Euch hat kein Feind besiegt». Wenn man aber nicht vom Feind besiegt worden war, wer hatte dann die offensichtliche Niederlage zu verantworten? Zu dieser Frage gab es sogar einen Untersuchungsausschuss der deutschen Nationalversammlung. Generalfeldmarschall Paul von Hindenburg gab vor diesem eine Erklärung ab, durch die die Dolchstoßlegende zementiert wurde und fortan für die Rechte als Grundwahrheit feststand: «Ein englischer General sagte mit Recht: ‹Die deutsche Armee ist von hinten erdolcht worden›... Wo die Schuld liegt, ist klar erwiesen. Bedürfte es noch eines Beweises, so liegt er in dem angeführten Ausspruch des englischen Generals und in dem maßlosen Erstaunen unserer Feinde über ihren Sieg». In seinen bereits 1920 erschienenen und in großer Auflage verbreiteten Memoiren drückte Hindenburg denselben Vorwurf noch krasser aus: «Wir waren am Ende! Wie Siegfried unter dem Speerwurf des grimmen Hagen, so stürzte unsere ermattete Front.»

Im Laufe der folgenden Jahre entwickelte sich eine Vielzahl von Varianten der Dolchstoßlegende. Die bedeutsamste davon wurde von den Nationalsozialisten und anderen rechtsradikalen Gruppen ersonnen, nämlich die Behauptung, dass «die Juden» 1918 ihren schon lang gehegten Plan, Deutschland zu vernichten, zielstrebig in die Tat umgesetzt hätten. Juden hätten die Ungerechtigkeiten bei der Versorgung der Bevölkerung im Krieg zu verantworten; Juden hätten dafür gesorgt, dass die Soldaten nicht hinreichend Waffen und Munition erhielten; Juden hätten die kommunistische Propaganda in der Armee verbreitet und die Revolution von 1918 angezettelt. Juden hätten schließlich den «Schandfrieden» von Versailles sowohl ausgedacht als auch unterschrieben. Der radikale Antisemitismus der Nazis hat seine immer wiederholte fundamentale Begründung in dieser extremen Ausprägung der Dolchstoßlegende erfahren.

96. Wie viele Soldaten und Zivilisten aller Nationen sind dem Ersten Weltkrieg zum Opfer gefallen? Die Zahlen, über die wir heute verfügen, sind alles andere als präzise. Für die westeuropäischen Mächte sind aufgrund der während des Krieges kontinuierlich weitergeführten und nach dem Krieg veröffentlichen Statistiken sehr genaue Zahlen erhältlich, für Russland gilt dies nur bedingt und für die kleineren osteuropäischen Staaten zum großen Teil noch gar nicht. Korrekte Zahlenangaben werden auch durch die Tatsache erschwert, dass die Opfer der «Spanischen Grippe» von 1918, an der auch Hunderttausende von Soldaten (vor allem auf deutscher Seite) starben, in den Statistiken ungleichmäßig berücksichtigt werden.

Die Anzahl der im Krieg gefallenen Soldaten schwankt naturgemäß erheblich, von mindestens 8,6 Millionen (so Clodfelter und Enzyklopädie Erster Weltkrieg) bis zu der gewöhnlichen Hochrechnung von 10 bis 11 Millionen.

Für Deutschland hat das offizielle «Reichsarchiv» die Gefallenenzahl mit 1 808 555 Soldaten beziffert. Es gibt aber auch Berechnungen von knapp über 2 Millionen Todesfällen im Heer. Hinzu kommen nach den Zahlen des «Reichsarchivs» 4 248 158 Verwundete.

Für Österreich-Ungarn hat Clodfelter 1,290 Millionen Gefallene und 3,620 Millionen Verwundete bei insgesamt 7,8 Millionen Mobilisierten genannt.

Der offizielle französische «Rapport Marin» von 1920 beziffert die Verlustzahlen der französischen Armee auf 1 365 735 Tote und 4,266 Millionen Verwundete bei insgesamt 8,4 Millionen mobilisierten Männern. Für Großbritannien sind 908 371 Gefallene und 2,09 Millionen Verwundete verzeichnet. Für Russland lauten die (unsicheren) Zahlen ca. 1,7 Millionen Tote und ca. 5 Millionen Verwundete. Italiens offizielle (aber stark bezweifelte) Zahlen sind 462 391 Gefallene und 953 888 Verwundete. Für die Balkannationen sind bislang nur die rumänischen und serbischen Zahlen bekannt: Rumänien hat bei insgesamt 750 000 mobilisierten Männern 335 706 Gefallene, 120 000 Verwundete und 80 000 weitere ungeklärte Verluste, was ein entsetzlich hoher Prozentsatz (insgesamt 71 %) ist. Serbien hat bei 707 343 Mobilisierten 127 535 Gefallene gemeldet. Weitere Zahlen sind hier nicht bekannt. Auf belgischer Seite sind bei 267 000 mobilgemachten Soldaten 37 715 Mann gefallen.

Ein Sonderfall sind die USA, die ja erst seit April 1917 im Krieg waren und erst ab Frühjahr 1918 an Kampfhandlungen teilnahmen. Bei ca. 2,5 Millionen nach Europa verbrachten Soldaten hatte man in ungefähr einem halben Jahr 50 604 Gefallen und 62 668 durch Krankheit (Spanische Grippe) umgekommene Soldaten zu beklagen.

Wenn man von den aktuellen Minimalzahlen ausgeht, bedeutet dies, dass in 1569 Kriegstagen täglich mehr als 6000 Soldaten gefallen sind. Das entsprach einem Bevölkerungsverlust von 3,4 % für Frankreich, 3 % für Deutschland und 1,6 % für Großbritannien.

Die zivilen Toten werden von denselben Quellen übereinstimmend auf insgesamt ca. 6,5 Millionen beziffert. Exorbitant sind die für Russland vermuteten Zahlen. Man spricht von 2 Millionen (Clodfelter), die vor allem durch Hunger und Krankheit umgekommen sein sollen. In Deutschland sollen 762 106 Zivilisten durch Kriegseinwirkung gestorben sein, wobei der Anteil der an der alliierten «Hungerblockade» zugrunde gegangenen Menschen besonders hoch ist. Es versteht sich allerdings, dass diese zeitgenössischen Zahlen nicht objektiv, sondern politisch-polemisch sind. Es dürfte nachgerade unmöglich sein, die Hungertoten von den normalen Sterbefällen so säuberlich zu scheiden, wie es die deutschen Statistiker nach dem Krieg versucht haben (1915 = 86 232; 1916 = 121 114; 1917 = 259 000; 1918 = 239 760). Die zivilen Toten Österreich-Ungarns werden auf 300 000 geschätzt, wovon allerdings zwei Drittel aus den polnischen Landesteilen stammen. Für Serbien wird eine Zahl zwischen 200 000 und 650 000 angeführt, was ein anderer Ausdruck für eine pure Vermutung ist. Die serbische Zivilbevölkerung hat aber zweifellos enorm gelitten, da die Kämpfe sich auch oft zu ethnischen Abrechnungen zwischen den Balkannationen und Österreich-Ungarn auswuchsen. Sehr viel weniger hoch sind die für Frankreich angenommenen Zahlen, nämlich 40 000, was angesichts der Besatzungssituation und der Bombardierung der französischen Städte im Kriegsgebiet als relativ wenig erscheint. Für England werden 30 633 zivile Tote angegeben, von denen viele Tausend den Angriffen deutscher U-Boote auf britische Passagierschiffe zuzurechnen sind. Die belgische Zivilbevölkerung hatte mit ebenfalls ca. 30 000 zivilen Toten verhältnismäßig große Verluste, wobei die mehr als 6000 von den deutschen Besatzern hingerichteten vorgeblichen «Freischärler» heute noch ein besonders düsteres Licht auf die deutsche Kriegsführung werfen.

Ob die Gesamtzahl der zivilen Verluste höher ist als bei früheren Kriegen der Weltgeschichte, mag bezweifelt werden, bedenkt man etwa, wie der Dreißigjährige Krieg Europa regelrecht entvölkert hat. Was aber die Zahl von Gefallenen und Toten in einem Zeitraum von nur 4 ½ Jahren angeht, so hat der Erste Weltkrieg sicherlich alles bisher Dagewesene bei weitem übertroffen. Die mit ihm beginnende Spirale des gewaltsamen Todes hat dann die Geschichte des 20. Jahrhundert weiter bestimmt, vom Holocaust und dem Zweiten Weltkrieg bis hin zu den Todesfeldern des Kommunismus in Europa und Asien.

97. Wie hoch waren die Reparationen, und waren diese an der Inflation schuld? Im Versailler Vertrag war bestimmt worden, dass Deutschland den Siegermächten Reparationen für alle durch seine «Aggression» entstandenen Schäden zahlen müsse (Art. 231). Die Höhe dieser Zahlungen wurde 1919 aber noch nicht festgelegt. Die Gesamtsumme sollte die zu diesem Zweck gebildete Reparationskommission bis zum 1. Mai 1921 ermitteln. Bis dahin war ein Abschlag von 20 Milliarden Goldmark zu zahlen, dazu kamen sog. «Sachlieferungen», wie etwa Schiffe, LKW, Kohle, Schlachtvieh.

Es folgten Konferenzen in San Remo, Boulogne und Spa, in denen aber keine Einigkeit über die Höhe der Reparationen erzielt werden konnte. Auch eine vom Völkerbund einberufene Finanzexpertenkonferenz im September 1920 mit deutscher Beteiligung blieb ohne verbindliche Beschlüsse. Daraufhin setzte eine Konferenz der alliierten Ministerpräsidenten Ende Januar 1921 fest, dass Deutschland neben den Besatzungskosten 226 Milliarden Goldmark in jährlich bis auf 6 Milliarden zu steigernden Raten im Zeitraum von 1921 bis 1963 (!) zahlen sollte. Außerdem sollten jährlich 12 % des Wertes der deutschen Ausfuhr an die Alliierten abgegeben werden. Der deutsche Gegenvorschlag von 50 Mrd. wurde von der Londoner Konferenz (1.3.–3.3.1921) abgelehnt. Am 27.4.1921 wurde schließlich die deutsche Reparationsschuld auf 132 Milliarden Goldmark (ausschließlich der belgischen Kriegsschuld von 5,6 Milliarden) festgesetzt. Das «Londoner Ultimatum» vom 5.5.1921 drohte im Falle der Nichterfüllung mit der Besetzung des Ruhrgebiets und der Verlängerung der Blockade. Die deutsche Regierung verpflichtete sich schließlich zu dieser «Erfüllungspolitik», die, wie Reichskanzler Joseph Wirth erklärte, den Alliierten beweisen sollte, dass die ungeheuren Forderungen auf Dauer nicht erfüllbar waren. Das änderte nichts daran, dass «Erfüllungspolitiker» wie Wirth oder Walther Rathenau Hassobjekte der Rechten und Opfer von Attentaten wurden.

Die erste Milliarde ließ sich durch kurzfristige Auslandskredite beschaffen, aber die ohnehin vorhandene Inflation wurde durch diese Schuldaufnahmen noch einmal forciert. Die Bank von England sah das Reich als unwürdig für langfristige Kredite an. Deshalb mussten auch die Alliierten weitere Aufschübe von Zahlungen tolerieren. Im Gegenzug verlangten sie eine Reform der deutschen Finanzen und starke Steuererhöhungen. Diese hatte die junge Republik bis dahin sorgsam vermieden, um nicht noch mehr Startschwierigkeiten zu haben, als ohnehin vorhanden waren. Deshalb wurden solche Reformen nur zögerlich angegangen, denn die ab 1922 beschleunigte Inflation ließ deutsche Politiker und Ökonomen hoffen, sich auf diese Weise der «Erfüllungspolitik» durch eine Verschleierung der Leistungsfähigkeit entziehen zu können. Der Umschlagpunkt zur sog. Hyperinflation war der 1. November 1922, als der Dollar mit 8000 Mark notierte. Frankreich begann nun, Ausschau nach «produktiven Pfändern» zu halten, und bereitete die Ruhrbesatzung vor, zumal der seit Anfang November amtierende Reichskanzler Wilhelm Cuno trotzig erklärte, dass Deutschland nur noch nach Maßgabe seiner Überschüsse zahlen wolle. In der Zeit der Ruhrbesatzung (ab Januar 1923) begann dann die Inflation zu galoppieren, weil Deutschland nunmehr sowohl jeden Kredit verlor als auch anfing, durch bedingungslose Beschleunigung der Notenpresse seine Währung absichtlich preiszugeben. Im September 1923 notierte schließlich der Dollar mit 6 Milliarden Mark!

Ab Sommer 1924 und dem allmählichen Rückzug der Franzosen von der Ruhr kehrte wieder Vernunft auf den internationalen Finanzmärkten ein. Der Plan des amerikanischen Bankiers Charles Dawes führte ab August 1924 zu Vereinbarungen, die tragfähig schienen. 1928 war man dann endlich so weit, die Notwendigkeit einer abschließenden Regelung anzuerkennen, die sich im «Young-Plan» realisierte. Die Weltwirtschaftskrise stoppte aber diese Planungen. Das Hoover-Moratorium führte 1931 zu einer einjährigen Einstellung der Zahlungen, die Konferenz von Lausanne schließlich zu einer abschließenden Regelung. Diese sah das Ende der Reparationen gegen eine Abschlusszahlung von 3 Mrd. Goldmark vor. Im Januar 1934 hat dann Hitler den Versailler Vertrag gekündigt und die Zahlungen schlicht eingestellt.

Die Frage, inwieweit die Inflation «hausgemacht» war (vor allem über die Kriegsfinanzierung ohne Steuern und nur durch Anleihen) oder wieweit sie den Forderungen des Versailler Vertrages zuzuschreiben ist, hat Generationen von politischen Kommentatoren und Finanzwissenschaftlern beschäftigt. Erst in den 1950er Jahren wurde überhaupt erkannt, dass nicht «Versailles», sondern die Kriegsfinanzierung den entscheidenden Schub zur Inflation gegeben hatte. Denn während des Krieges waren die Verantwortlichen der Überzeugung, dass die ungeheuren Kriegskosten von zuletzt 5 Milliarden Mark im Monat (das war eine Ausgabe von mehr als einem Zehntel des gesamten deutschen Volksvermögens von 1913 pro Monat!) vom besiegten Kriegsgegner getragen werden würden. Karl Helfferich, Leiter des Reichsschatzamtes, hatte im August 1915 vor dem Reichstag erklärt: «Das Bleigewicht der Milliarden haben die Anstifter dieses Krieges verdient, sie mögen es durch die Jahrzehnte schleppen, nicht wir.» (zit. M. Zeidler). Da die anderen Nationen genauso dachten, waren die Beschlüsse von Versailles auch in finanzieller Hinsicht nichts als eine «Fortsetzung des Krieges mit anderen Mitteln».

98. Freikorps – was war daran denn frei? Die sog. Freikorps waren ein sehr problematisches Vermächtnis des Ersten Weltkrieges an die Weimarer Republik. Unter Freikorps versteht man Soldatenverbände ganz verschiedener Größenordnungen, die sich nach dem Waffenstillstand vom November 1918 und der Rückführung des Heeres nicht auflösten (wie die meisten), sondern unter neuem Namen wieder auferstanden. Seit Mitte November 1918 waren auf Veranlassung der Obersten Heeresleitung und mit Genehmigung der (Übergangs-)Regierung besonders bewährte Soldaten unter Führung ihrer Stammoffiziere zusammengefasst worden. Soldaten und Offiziere stammten zumeist aus den Sturmbataillonen, die ab 1917 gebildet worden waren und in denen besonders aktive, kampfbereite, auch brutale Soldaten mit Nahkampf-Spezialtraining versammelt waren. Nunmehr fanden sie sich unter dem Namen ihrer Frontkommandanten zusammen, etwa Freikorps Epp, Sturmabteilung Rossbach oder aber die Brigade Ehrhardt.

«Frei» waren diese Verbände, weil sie nicht mehr einer übergeordneten militärischen Institution verantwortlich waren, sondern nur noch ihrem persönlichen «Chef». Sie sollten die ordnungsgemäße Demobilisation der ca. 6 Millionen zurückkehrenden Soldaten überwachen. Sehr bald wurden solche Verbände auch eingesetzt, um die Republik gegen Aufstands- und Revolutionsversuche zu schützen. Dies war vor allem im Januar 1919 der Fall, als Freikorpsmänner der «Brigade Ehrhardt» die Spartakusrevolte in Berlin mit schweren Waffen niederschlugen. Dabei wurden deren Anführer Rosa Luxemburg und Karl Liebknecht brutal ermordet.

Die Brigade Ehrhardt war auch am fehlgeschlagenen Kapp-Putsch vom März 1920 beteiligt. Im Anschluss an diesen Putsch mussten die Freikorps auf alliierte Verordnung hin aufgelöst werden. Einige besonders militante Gruppen blieben dann als Geheimorganisationen aktiv, beispielsweise die Organisation Consul, die für die Ermordung zahlreicher Politiker verantwortlich war, insbesondere Walther Rathenaus.

Die bereits seit November 1918 im sog. «Grenzschutz» eingesetzten Freikorps wurden nach dem März 1920 zu neuen Wehrverbänden umbenannt und kämpften u. a. noch 1921 gegen polnische Einheiten um die Einhaltung der Grenzbestimmungen des Versailler Vertrages. Insgesamt hat es ca. 120 Verbände von 40 bis 4000 Mann gegeben, wobei man von 250 000 wirklich aktiven Freikorpskämpfern ausgeht.

Freikorpskämpfer wurden auch in der Führung der SA aktiv. Die durch Autoren wie Ernst von Salomon und Arnolt Bronnen mythologisierte gewaltbereite Figur des politisierten Freikorpskämpfers war «von großer Bedeutung für das ideologische Selbstbild der NS-Massenbewegung» (B. Ziemann).

99. Haben die Nazis vom Ersten Weltkrieg profitiert? Nach der Katastrophe des Zweiten Weltkriegs war es in Deutschland lange üblich, den Aufstieg der Nationalsozialisten mit den Faktoren «Versailler Vertrag» und «Weltwirtschaftskrise» zu erklären. Das war indessen so offenkundig apologetisch, dass seit den 1960er Jahren eine Generation kritischer Historiker solche Zuweisungen mit Entschiedenheit ablehnte und den Aufstieg des Nationalsozialismus aus den Strukturen und Versäumnissen der deutschen Geschichte (Militarismus, Antisemitismus, Autoritätshörigkeit) ableitete. Erst in jüngster Zeit hat die Frage nach dem Einfluss des Ersten Weltkriegs auf den Erfolg des Nationalsozialismus wieder an Interesse gewonnen, denn tatsächlich haben die Nationalsozialisten immer wieder den Weltkrieg thematisiert und als Grundlage ihrer «Bewegung» dargestellt.

Die Forschung der letzten Jahre hat zeigen können, dass die Akzeptanz des Nationalsozialismus in der deutschen Bevölkerung keineswegs seinem Extremismus zuzuschreiben ist, sondern der Tatsache, dass die Nazis es verstanden, sich gegen alle «Verräter» als Sachwalter eines Deutschland zu präsentieren, das jegliche Schuld am Kriege ablehnte, das die Ehre der Soldaten am entschiedensten wahre, das den Verrat rächen und schließlich das Recht wiederherstellen und die im Versailler Vertrag verlorenen Gebiete «heim ins Reich» holen werde.

Aus dieser Perspektive blieb der Nationalsozialismus bei aller Radikalität und allem extremistischen Straßenkampfgebaren doch immer auch eine Partei der Ordnung. Man konnte deshalb die in dieser «negativen Volkspartei» (H. Mommsen) zusammenströmenden Unzufriedenheiten aller Art auf ein ganz konkretes Ziel hin polarisieren, nämlich «Deutschlands Erhebung» aus Niederlage und Schande.

Das hat die Nazis bei den jungen Menschen der Mitte und der Rechten beliebt gemacht und war auch der Grund dafür, dass diese Partei den Konservativen und Gemäßigten trotz allen Rabaukentums als möglicher politischer Partner erschien. Nach der «Machtergreifung» hat der Nationalsozialismus tatsächlich konsequent den «Schandfrieden» von Versailles getilgt, die «Ehre der Frontkämpfer» durch massenhafte Verteilung von Verdienstmedaillen und durch Bevorzugung im öffentlichen Raum wiederhergestellt. Kriegsversehrte wurden zwar finanziell weniger gut versorgt als in der Weimarer Republik, erhielten aber eine Reihe von öffentlichkeitswirksamen Ehrungen, etwa bei den Olympischen Spielen von 1936. In der Kriegserzählung des «Dritten Reiches» (vor allem F. Zöberlein) und Kriegsfilmen wie «Unternehmen Michael» (E. Ritter, 1937) wurde der Weltkrieg geradezu zum Sieg transformiert. Als Hitler 1940 Frankreich besiegte, stand er auf dem Gipfel seiner Popularität, denn damit hatte Deutschland den Ersten Weltkrieg im Nachhinein symbolisch doch noch gewonnen.

100. Stimmt es, dass die beiden Weltkriege zusammen ein «Dreißigjähriger Krieg» waren? Nach den Erfahrungen zweier Weltkriege ist immer wieder gefragt worden, ob nicht der Zweite Weltkrieg eine direkte Konsequenz des Großen Krieges von 1914–1918 gewesen ist. Der französische Sozialwissenschaftler Raymond Aron hat dies genauso betont wie Hannah Arendt in ihren «Elementen und Ursprüngen totaler Herrschaft». Der englische Sozialhistoriker Eric Hobsbawm nannte sein Buch über diese Epoche «Das Zeitalter der Extreme».

Bereits während des Zweiten Weltkrieges war die Kontinuitätslinie zum Ersten Weltkrieg für viele eine Selbstverständlichkeit. Hitlers «Tischgespräche» zeigen dies genauso wie Winston Churchills Erinnerungen. Auch Charles de Gaulle betonte schon 1941 in einer Rundfunkansprache, dass «die Welt einen dreißigjährigen Krieg gegen die Herrschaft Deutschlands» führe. Unter diesem Aspekt wurde die Zeit zwischen den beiden Weltkriegen tatsächlich zu einer «Zwischenkriegszeit», was ja auch der heute noch übliche Sprachgebrauch ist.

Für die These vom «Dreißigjährigen Krieg» spricht zunächst, dass der Vertrag von Versailles keinen echten Frieden schaffen konnte. In der Folgezeit kam es immer wieder zu kriegerischen Auseinandersetzungen im Rahmen des neuen Staatensystems von möglichst ethnisch «reinen» Nationalstaaten, was zu ständigen Ausgrenzungen und Vertreibungen führte. Weiterhin bereiteten sich die Staaten auf einen in kurzer Frist erwarteten Folgekrieg vor. Die Franzosen versuchten, mit der Maginot-Linie eine Art «chinesische Mauer» um ihr Land zu ziehen. Überall wurden «Gasschutz»-Maßnahmen eingeführt, die Panzer- und Flugzeugindustrie boomte. Mindestens so wichtig aber war, dass in Deutschland ein sehr starker Revanchismus herrschte. Das Trauma des so «schandvoll» verlorenen Krieges wollte nicht weichen und verband sich dann in der ökonomischen Krise ab 1928 zu einem virulenten Protestpotential, aus dem der Nationalsozialismus seine spezifische Dynamik gewann. Hitlers Charisma beruhte in erster Linie darauf, dass er versprach, das Unrecht von Versailles zu tilgen. Seine innen- und außenpolitischen Erfolge nach 1933 schienen ihm Recht zu geben – der Sieg über Frankreich im Jahre 1940 erschien vielen Deutschen als siegreiches Ende des Ersten Weltkrieges.

Für die Auffassung, es habe einen Dreißigjährigen Krieg gegeben, wird auch die Kontinuität der Vernichtungspolitik angeführt. Zwischen der Ausrottung der Armenier 1915 und dem Völkermord an den Juden bestehe eine direkte ideologische und «technische» Kontinuität. Zweifellos hat es hier ein «Lernen» gegeben. Allerdings sind die Armeniergräuel doch örtlich sehr begrenzt und ein im Ersten Weltkrieg einzigartiges Ereignis geblieben, sie gehören also nicht strukturell zum «Vernichtungskrieg», wie dies ab 1941 der Fall war. Gegen die These vom Dreißigjährigen Krieg spricht weiterhin die Tatsache, dass «Versailles» keineswegs nur eine Abrechnung der Sieger mit den Verlierern war, sondern dass hier auch ein starker Wille zur Schaffung eines neuen und friedlichen Europa herrschte, zusammen mit ernsthaften Bemühungen um eine Weltfriedensordnung, symbolisiert im «Völkerbund». Weiterhin lässt sich argumentieren, dass die Weltwirtschaftskrise ab 1928 nur indirekt eine Folge des Ersten Weltkrieges war. Auch die Tatsache, dass Hitlers Partei in den 1920er Jahren eine zwar lautstarke, aber doch marginale Extrempartei gewesen ist, spricht dafür, dass mit Anfang der 1930er Jahre eine neue Problematik entstand. Die Zeit zwischen beiden Weltkriegen wird deshalb oft als eine Periode ganz eigener Qualität und der Zweite Weltkrieg als ein Phänomen *sui generis* angesehen.

Beide Thesen haben Stärken und Schwächen. Die These vom Dreißigjährigen Krieg aber ist deshalb so griffig und offensichtlich realitätsnah, weil kaum ein Zeitgenosse daran zweifelte, dass «Versailles» und die sich daraus ergebenden wirtschaftlichen Probleme – vor allem die Inflation – ursächlich für Hitlers Aufstieg zur Macht waren. Die notwendige historische Differenzierung zwischen beiden Weltkriegen darf diese zeitgenössische Überzeugung nicht außer Acht lassen. Tatsächlich konnte ja erst nach zwei Weltkriegen im Laufe von nur 30 Jahren Europa ein Kontinent des Friedens werden.

101. Wie kann man sich am schnellsten über den Weltkrieg informieren? Auch dem Fachmann kommt heutzutage bei dieser Frage als erstes Wikipedia in den Sinn. Aber nur diesem erschließt sich leicht, welche der Artikel unzureichend und welche sogar sehr gut und weiterführend sind. Man erkennt dies u. a. an der Art und Menge der angeführten Literatur, auch die Links zu den Quellen können sehr nützlich sein.

Ab 2014 soll die seit langem geplante Online-Enzyklopädie 1914–18 zur Verfügung stehen. Sie ist von internationalen ExpertInnen gestaltet worden. Über ihren sicherlich «enzyklopädischen Inhalt» lässt sich noch nichts sagen. Wirklich zuverlässig ist die von Gerhard Hirschfeld u. a. herausgegebene «Enzyklopädie Erster Weltkrieg» (4. Auflage Ende 2013), die in einer Reihe von Grundsatzartikeln und vielen Hundert Einzeleinträgen so ziemlich alles aufschlüsselt, was im Weltkrieg passiert ist. Die Literaturhinweise sind dort auch meist auf dem neuesten Stand.

An leicht zugänglichen und aktuellen Werken empfehle ich die umfassende neue Gesamtdarstellung von Jörn Leonhard «Die Büchse der Pandora. Geschichte des Ersten Weltkriegs», München 2014 (C.H.Beck) sowie den von Stefan Burgdorff und Klaus Wiegrefe herausgegebenen Band «Der Erste Weltkrieg. Urkatastrophe des 20. Jahrhunderts», München 2010 (dtv), der eine Sammlung von Aufsätzen internationaler Experten zu den wichtigsten Problemen des Krieges enthält. Die Texte wurden z. T. zuvor im «Spiegel» abgedruckt und sind für den interessierten Laien gedacht. Dasselbe gilt für den von Hew Strachan, einem der besten internationalen Experten, besorgten Bildband «Der Erste Weltkrieg. Eine neue illustrierte Geschichte», erschienen im Bertelsmann Verlag 2004. Eine anspruchsvolle Gesamtgeschichte hat der Schweizer Historiker Daniel Marc Segesser vorgelegt: «Der Erste Weltkrieg in globaler Perspektive», marixverlag 2010. Für den des Englischen mächtigen Leser ist David

Stevenson, «The First World War and International Politics», Oxford 1988, nach wie vor unverzichtbar. Ganz neu und eine sehr gut gelungene Zusammenstellung von Darstellung und Quellen ist Lawrence Sondhaus, «World War One. The Global Revolution», Cambridge 2011.

Was die Gesamtdarstellungen Deutschlands im Ersten Weltkrieg angeht, so ist Sönke Neitzel, «Weltkrieg und Revolution» (bebra Verlag 2012) die wohl aktuellste und am leichtesten zugängliche gut informierende Darstellung. Unverzichtbar, wenn auch eher für das studentische Publikum geschrieben ist Wolfgang J. Mommsen, «Die Urkatastrophe Deutschlands. Der Erste Weltkrieg 1914–1918», Stuttgart 2002. Zu einer sehr anschaulichen soliden Information verhilft Brigitte Hamann, «Der Erste Weltkrieg. Wahrheit und Lüge in Bildern und Texten», Piper Verlag München 2004. Last but not least sei ein schon sehr altes, aber in der Verbindung von solider und präziser Schilderung der militärischen Ereignisse und der politischen Entwicklung Deutschlands vollständig «unüberholtes» Werk empfohlen, nämlich Peter Graf Kielmansegg, «Deutschland und der Erste Weltkrieg», Frankfurt 1968. Es hat aber seit Herbst 2013 einen ernsthaften Rivalen bzw. Nachfolger: Gerhard Hirschfeld und Gerd Krumeich, «Deutschland und der Erste Weltkrieg», Fischer Verlag, Frankfurt 2013. Eine eigentümliche, aber hoffentlich produktive Perspektive hoffe ich, gemeinsam mit dem französischen Spezialisten Jean-Jacques Becker, in dem Überblickswerk «Der Große Krieg. Deutschland und Frankreich im Ersten Weltkrieg», Essen 2009, vorgelegt zu haben. Im Herbst 2013 ist ein schön bebilderter Sammelband der Wissenschaftlichen Buchgesellschaft erschienen: Bruno Cabanes und Anne Dumenil (Hg.), «Der Erste Weltkrieg. Eine europäische Katastrophe», Darmstadt 2013.

In all den genannten Überblickswerken finden sich weitere Literaturhinweise zu Einzelfragen wie etwa der Julikrise 1914, den Schlachten von Verdun und der Somme oder dem Problem des Versailler Friedensschlusses.

Ostfront 1914–1918
Staatsgrenzen
Frontverlauf Ende 1914
Frontverlauf Ende 1916
Frontverlauf Ende 1918
Grfsm. Finnland
Finnischer Meerbusen
Reval
Estland
Narwa
Peipus-See
Dagö
Moon
Ösel
Dorpat
Wirz See
Ema
Pleskauer See
SCHWEDEN
Gotland
Rigaer Bucht
Aa
Livland
Welikaja
Riga
Friedrichstadt
Jakobstadt
Libau
Kurland
Dünaburg
Ostsee
Memel
Litauen
Düna
Memel
Kowno
Naroch-See
Tilsit
Wilna
Beresina
Königsberg
Pregel
Gumbinnen
Olita
Danzig
Minsk
Lötzen
Suwałki
Masurische Seen
Augustow
RUSSLAND
DEUTSCHES REICH
Tannenberg
Njemen
Baranowitschi
Soldau
Białystok
Thorn
Narew
Pripjet-Sümpfe
Posen
Bug
Dnjepr-Bug-Kanal
Pinsk
Warthe
Warschau
Brest-Litowsk
Lodz
Oder
[Polen]
Pripjet
Lublin
Kowel
Breslau
Luck
Rowno
Wolhynien
Kattowitz
Weichsel
Brody
Lemberg
Pleß
Krakau
Galizien
Przemyśl
Tarnopol
Teschen
Beskiden
Dnjestr
Karpaten
ÖSTERREICH-UNGARN
Stanislau
Kaschau
Czernowitz
Wien
Preßburg
Donau
0 50 100 150 km
Bukowina

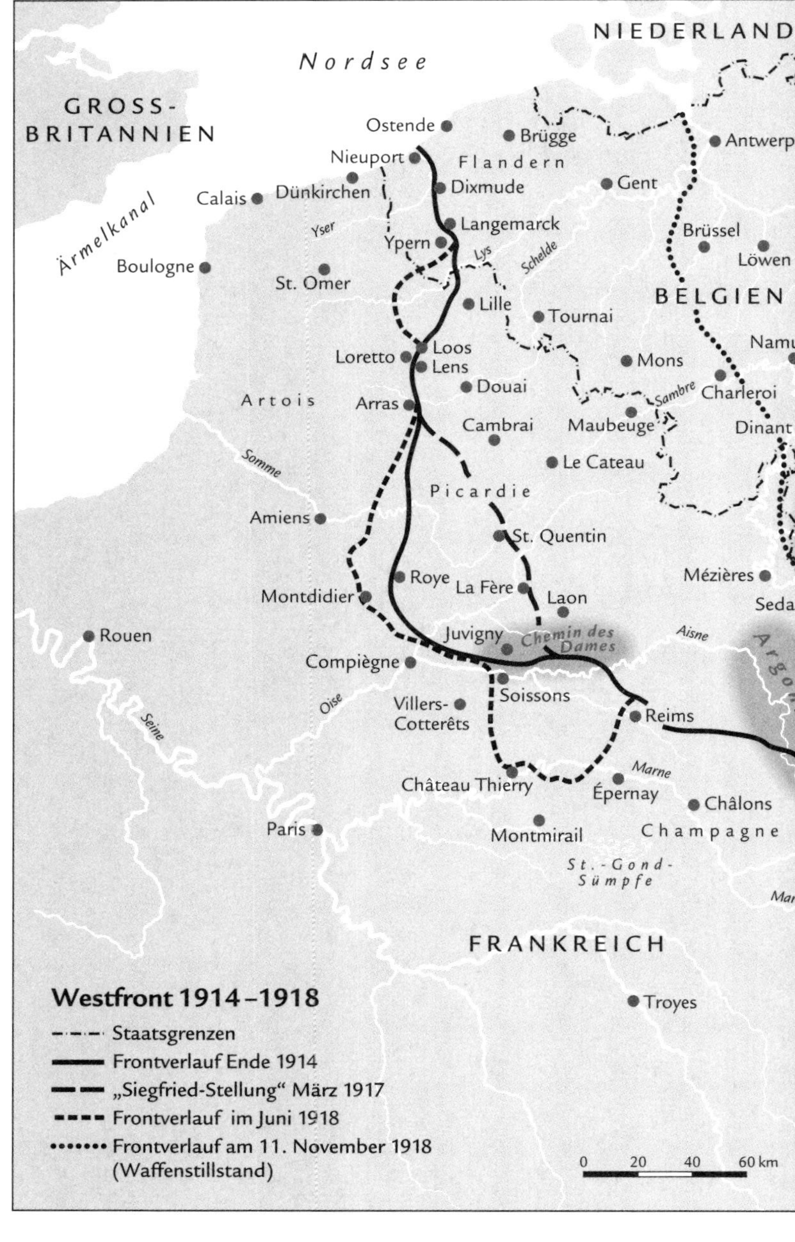
NIEDERLAND
Nordsee
GROSS-
BRITANNIEN
Ostende
Brügge
Antwerpe
Nieuport
Flandern
Dixmude
Gent
Calais
Dünkirchen
Ärmelkanal
Yser
Langemarck
Brüssel
Ypern
Lys
Schelde
Löwen
Boulogne
St. Omer
Lille
BELGIEN
Tournai
Namu
Loretto
Loos
Lens
Mons
Douai
Charleroi
Artois
Arras
Sambre
Cambrai
Maubeuge
Dinant
Somme
Le Cateau
Picardie
Amiens
St. Quentin
Mézières
Roye
La Fère
Montdidier
Laon
Seda
Rouen
Juvigny
Chemin des
Dames
Aisne
Compiègne
Argon
Soissons
Oise
Villers-
Cotterêts
Reims
Seine
Marne
Château Thierry
Épernay
Châlons
Paris
Montmirail
Champagne
St.-Gond-
Sümpfe
FRANKREICH
Westfront 1914–1918
Troyes
Staatsgrenzen
Frontverlauf Ende 1914
„Siegfried-Stellung“ März 1917
Frontverlauf im Juni 1918
Frontverlauf am 11. November 1918
(Waffenstillstand)
0
20
40
60 km

Essen
Ruhr
Düsseldorf
Köln
Maastricht
Aachen
Bonn
Rhein
Lüttich
DEUTSCHES REICH
Maas
Spa
Malmedy
Koblenz
Mosel
Frankfurt
Wiesbaden
Main
Mainz
Ardennen
LUXEMBURG
Trier
Semoy
Worms
Luxemburg
Kaiserslautern
Longwy
Heidelberg
Diedenhofen
Étain
Woëvre
Briey
Saar
Saarbrücken
Landau
erdun
Metz
Karlsruhe
Neckar
Lothringen
Rhein
St. Mihiel
Hagenau
Rastatt
Stuttgart
Saarburg
Nancy
Toul
Lunéville
Manonviller
Straßburg
Schwarzwald
Meurthe
Mosel
Vogesen
St. Dié
Elsass
Maas
Épinal
Colmar
Saône
Freiburg
Donau
Mülhausen
Belfort

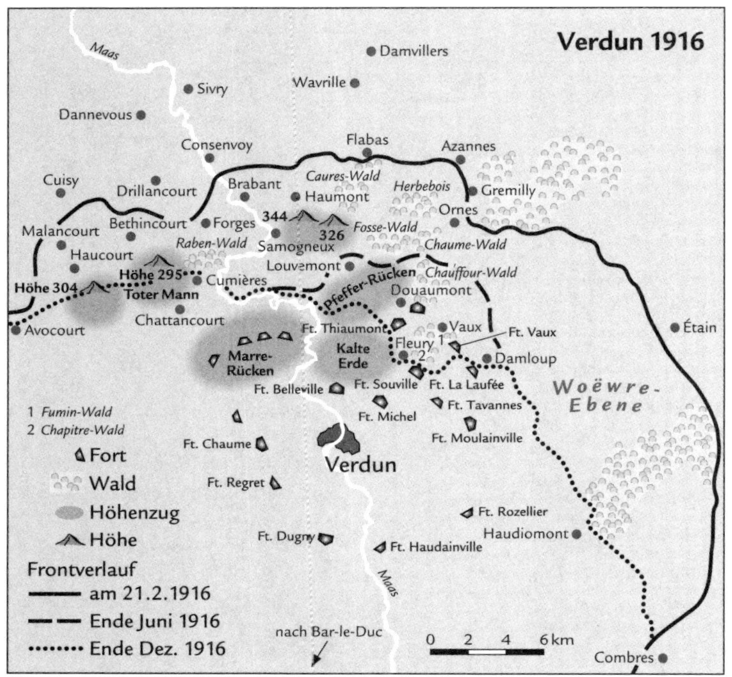

Verdun 1916
Maas
Damvillers
Sivry
Wavrille
Dannevous
Consenvoy
Flabas
Azannes
Cuisy
Drillancourt
Brabant
Caures-Wald
Haumont
Herbebois
Gremilly
Ornes
Malancourt
Bethincourt
Forges
344
326
Fosse-Wald
Raben-Wald
Samogneux
Chaume-Wald
Haucourt
Louvemont
Chauffour-Wald
Höhe 295
Cumières
Pfeffer-Rücken
Höhe 304
Toter Mann
Douaumont
Avocourt
Chattancourt
Ft. Thiaumont
Vaux
Ft. Vaux
Étain
Fleury
Damloup
Marre-Rücken
Kalte Erde
Ft. Belleville
Ft. Souville
Ft. La Laufée
Woëwre-Ebene
Ft. Tavannes
Ft. Michel
Ft. Moulainville
1 Fumin-Wald
2 Chapitre-Wald
Ft. Chaume
Fort
Verdun
Wald
Ft. Regret
Höhenzug
Ft. Rozellier
Höhe
Ft. Dugny
Haudiomont
Ft. Haudainville
Frontverlauf
am 21.2.1916
Ende Juni 1916
Ende Dez. 1916
nach Bar-le-Duc
0 2 4 6 km
Combres

Bildnachweis

S. 5 (oben) und *13*:	ullstein bild, Berlin/Süddeutsche Zeitung Photo/Scherl
S. 5 (unten) und *33*:	Public Domain
S. 6 und *61*:	akg-images, Berlin/Jean-Pierre Verney
S. 7 und *80*:	ullstein bild, Berlin/LEONE
S. 8 (oben) und *99*:	akg-images, Berlin
S. 8 (unten) und *118*:	akg-images, Berlin
S. 9 und *136*:	ullstein bild, Berlin/Archiv Gerstenberg

Leider war es nicht in allen Fällen möglich, die Inhaber der Rechte zu ermitteln. Wir bitten deshalb gegebenenfalls um Mitteilung. Der Verlag ist bereit, berechtigte Ansprüche abzugelten.

Die 101 wichtigsten Fragen

Asfa-Wossen Asserate
Die 101 wichtigsten Fragen – Afrika
2. Aufl. 2018. 192 Seiten mit 10 Abbildungen und Vignetten und 1 Karte. Gebunden

Hans Ulrich Schmid
Die 101 wichtigsten Fragen – Deutsche Sprache
2010. 159 Seiten mit 5 Abbildungen. Paperback

Thomas Schneider
Die 101 wichtigsten Fragen – Das Alte Ägypten
2010. 157 Seiten mit 8 Abbildungen und 2 Karten. Paperback

Ulrike Rüpke/Jörg Rüpke
Die 101 wichtigsten Fragen – Götter und Mythen der Antike
2010. 160 Seiten mit 20 Abbildungen. Paperback

Jörg Echternkamp
Die 101 wichtigsten Fragen – Der Zweite Weltkrieg
2010. 155 Seiten mit 1 Karte. Paperback

Edgar Wolfrum
Die 101 wichtigsten Fragen – Bundesrepublik Deutschland
2009. 152 Seiten. Paperback

Verlag C.H.Beck München